여학생이 사는 세계

여학생이 사는 세계

김미연 지음

요 요에듀니티

그런 방법은 문제가 된다고 분명하게 말하기

학교에서 생활하는 학생들을 가만히 살펴보면 각양각색입니다. 각양각색 저 나름대로 아름답게 피어나는 꽃처럼 학생들은 자신만의 개성과 성격으로 친구들과 학교생활을 하고 있습니다. 씩씩하게 운동장을 뛰놀기도 하고 친구들과 꺄르르 웃으면서 떠들기도 합니다. 이 모습을 보는 교사의 마음은 행복하기만 합니다.

그러나 아슬아슬하게 선을 넘을 듯 넘지 않을 듯 행동하는 학생들을 보면 교사는 마음 졸이게 됩니다. 특히 교우 관계처럼 교사가 관여할 수 있는 명확한 선이 정해져 있지 않은 경우에는 더욱 그러합니다. 문제는 이 아슬아슬한 일들이 학교 안에서 많이 발생한다는 사실입니다. 교사는 아이들의 세계를 주시하며 문제를 해결하기 위해 노력하다가도 이 방법이 맞는지 고민하고 좌절하고, 다시 일어서다가도 또 고민하고 좌절하는 악순환을 겪습니다. 순간순간 학생들이 마음을 다칠까 봐 불안과 걱정을 짊어진 채 말입니다.

이 책은 그러한 학생들의 교우 관계로 인해 고민하는 선생님을 위한 것입니다. 학생들의 미묘한 교우 관계에서 벌어질 수 있는 관계적 폭력을 교사로서 예방하는 방법과 사건이 발생했을 때 해결할 수 있는 방법을 구체적 사례를 들어 표현하였습니다. 3월 개학하면서 벌어지는 눈치싸움에서부터 한바탕 갈등이 생기고 그것을 봉합하는 과정에 이르기까지 교사가 적절한 선에서 어떻게 개입할 수 있는지 보여주고 있습니다.

학생들이 교우 관계에서 가장 두려워하는 것은 왜곡된 시선을 받는 것이기에 든든하게 자신의 편이 되어줄 바리케이드 같은 단짝을 원하는 학생들의 마음이 이해가 됩니다. 시간과 정성을 들여 믿음직한 단짝 또는 친구들을 만들고, 그것을 지키기 위한 과정 속에서 벌어지는 투닥거림도 이제는 잊힌 우리의 학창 시절에서 끄집어낼 수 있습니다. 과거의 학생들이 그랬고, 현재의 학생들도 그렇고 아마 미래의 학생들도 그러할 것입니다. 그런데 학교 안에서 정신적 안정감을 찾기 위해 학생들이 동원하는 방법이 문제가 됩니다. 바로 그 사실을 이 책은 분명하게 이야기합니다. 학생들이 애매한 경계선상에서 저지르는 관계적 폭력이 자기자신과 상대방, 그리고 다른 친구들에게도 큰 상처가 된다는 사실을 분명히 인지하도록 돕습니다.

저자는 눈에 보이지 않는 관계적 폭력을 파악하는 방법, 학생들 간의 위태로운 복잡한 관계를 조사하는 방법, 갈등의 촉발사건과 해결책을 찾는 방법, 학생 개인을 넘어서 공동체가 함께 문제를 예방하거나 해결하는 방법을 알려줍니다. 각 장에 깨알 같은 'Honey Tip'을 제시하여 학생과 학급에 바로 적용해볼 수 있는 구체적인 방법도 실어놓았습니다. 때로는 사례에 대한 예시안과 연습할 수 있는 상황을 제시하여 추상적이고 막연하게 다가올 수 있는 갈등 해결방안을 학급에 바로 실행할 수 있도록 돕고 있습니다. 특히 연극이나 SEEK 전략, 'School in School' 안에서 멘토링을 통한 소속감과 동료애가 싹틀 수 있는 방법 등은 실행해보면 도움을 받을 거라고 봅니다.

교사도 두려움을 느낍니다. 학생들 간의 불화를 해결하지 못하거나 교사의 개입으로 학생들의 다채롭고 아름다운 학창 시절이 상처로 남을까 걱정합니다. 그러나 두렵고 걱정이 될지라도 학생들의 세계를 알아가는 노력을 멈추지 않아도 된다는 희망을 갖길 바랍니다. 이 책을 읽은 여러분은 앞으로도 반복될 학생들 간의 관계적 폭력 앞에서 물러서지 않을 겁니다. 그들을 치유하는 전문적인 방법으로, 담대하게 대하되 늘 사랑과 애정을 품을 수 있을 테니까요.

고양승(강원고등학교 교사)

X세대가 Z세대에게 다가갈 때

　추천의 글을 쓰는 오늘은 2022년 11월 17일입니다. 날짜를 분명하게 적는 이유는 지금부터 할 이야기 때문입니다. 저는 1977년생으로 애매한 X세대입니다. 그리고 제가 가르치고 있는 중학생들 대부분은 2007년생부터 2009년생으로 Z세대입니다. 수업 시간에 좋아하는 TV프로그램이 뭐냐고 물으면 TV 안 보고 유튜브 본다는 학생들의 대답이 돌아옵니다. 친구랑 만나서 뭐 하고 노느냐고 물어보면 각자 집에서 게임에 접속해서 놀거나 페북 메신저로 이야기한다고 합니다. 아이들의 삶을 자세히 들여다보면 볼수록 나오는 너무 다른 인간임이 분명해집니다.

　몇 년 전까지만 해도 속칭 짬바('짬에서 나오는 바이브'의 줄임말로 오랜 경험이나 연륜으로 여유, 노련미를 표현할 때 쓰는 말)로 학생들이 학교를 다니며 대충 무슨 고민을 할지, 무슨 행동을 할지가 예측 가능했습니다. 하지만 Z세대와 지구촌을 강타한 팬데믹의 결합은 도무지 파악하기 힘든 새로운 인류를 만들어낸 것이 아닌가 싶을 정도입니다.

비대면으로 관계 맺기에 익숙해져버린 요즘 중학생은 교우 관계에서 겪는 어려움을 스스로 해결하는 힘이 매우 약합니다. 아예 관계 맺기를 포기하거나 타인과의 교류에 전혀 관심 없어 하는 양상입니다. 예전의 아이들은 친구와 얼굴을 보고 놀고 싸우고 화해하고를 반복하면서 나름대로 관계를 맺고 유지하고 새롭게 만들어가는 방법을 자연스럽게 익혀왔습니다. 하지만 지금의 아이들은 2년이라는 적지 않은 시간 동안 친구를 컴퓨터 모니터 화면에서 만나고 게임 접속으로 관계 맺고 페북 메신저로 소통하는 게 익숙해져 대면 상황에서 벌어지는 갈등 상황에 어쩔 줄 몰라 하면서 예전보다 훨씬 더 높은 빈도로 교사의 도움을 요청하고 있습니다. 저도 여학생들의 관계로 인한 갈등 문제에 대해서는 이거다 싶은 해결책을 속 시원히 제시하기 힘들 때가 많았습니다. 어떤 경우에는 '시간이 약'이라면서 흘려버리기도 했고, 때론 교사로서 부족하다는 생각이 들어 두려움을 느끼기도 했습니다.

혼자였다면 이겨내기 힘든 시간이었을 겁니다. 다행히 좋은 동료 선생님과 함께 고민하면서 조금씩 방법을 찾아갈 수 있었습니다. 김미연 선생님이 입버릇처럼 자주 하신 말씀이 매뉴얼이 있었으면 좋겠다는 것이었습니다. 어디서도 여학생들이 학교에서 겪는 갈등 문제 해결을 위한 절차를 가르쳐준 적이 없었습니다. 그저 오랜 경험과 연륜으로, 또는 교사 개인의 역량으로 해결해야 하는 문제였습니다. 경험이 없는 신규 교사들은 이런 문제 상황에 부딪힐 때면 혼자 끙끙거리며 힘들어했습니다. 저처럼 동료 교사의 도움을 받는 운 좋은 경우도 있었겠지요. 하지만 지금은 비대면이 익숙한, 관계의 어려움을 스스로 해결하기가 부쩍 어려워진 새로운 세대가 중등학교에 입학하면서 교사 개인의 역량으로 이런 문제를 풀어가기에는 그 양상도 내용도 너무도 많고 다양합니다.

이 책의 도입부를 읽으면서 중고등학생 시절의 나는 어떤 여학생이었는지 돌아보게 되었습니다. 오랜만에 과거를 떠올리며 그저 아름답기만 하지는 않았던 그 시절의 나로 돌아갔습니다. 누구나 어린 시절, 학교 다니던 시절이 있었습니다. 학생들에게 학교는 그때나 지금이나 환상적으로 즐거운 장소는 아닐 겁니다. 그래도 교사들은 예나 지금이나 학교에서 만나는 우리 학생들이 가슴이 따뜻하고 단단한 인간으로 성장하기를 바라고 있습니다. 낯선 사람들이 만나 서로 익숙해지고 공감을 주고받으며 친구가 되어가는 과정이 온통 꽃길인 것은 아니지요. 어떤 학생에게는 온통 가시투성이 덤불이거나 지뢰밭일 수 있습니다. 하지만 그 곁에는 언제나 선생님들이 있습니다. 대한민국의 모든 학생과 선생님들을 응원합니다. 그리고 선생님들의 고뇜을 덜어드릴 이 책을 추천합니다.

박정희(강원중학교 교사)

아이들에게 줄 수 있는 것은

아이를 잘 이해하고 싶다면 자신이 십대였을 때 어떻게 느꼈는지를 기억해보라고 이 책은 말한다. 선생님의 어린 시절에 대한 이야기는 세월의 테이프를 매우 빠르게 20년 전으로 되감게 하였다. 중학교 시절 험담하는 친구들을 뚫고 복도를 지날 때와 비슷한 그 느낌. 슬프고 우울하고, 무기력하고, 또는 흥분되고, 겁먹는 그런 외로움…. 이 책은 읽는 내내 오래 잊었던 느낌들을 마주하게 했다. 딸을 이해하고 공감하는 데 큰 도움이 되었다는 점에서는 선물과 같다. 교실 안에서 벌어지는 일상적인 관계적 폭력의 생생한 장면들은 아이의 어려움을 이해하는 데 도움이 된다. 물론 쉽지 않다. 사춘기를 맞이한 딸의 친구 관계나 사회생활을 이해하는 과정은 꽤 빡빡하고 좌절이 되는 일이니까. 그럴 때마다 두려움이 앞선다. 딸에게 좋은 영향력을 줄 수 있는 부모가 되지 못할 것 같아서. 이 책은 그런 막연한 두려움을 뚫고 아이와 좋은 관계를 유지하면서도 좋은 부모로 성장해나갈 수 있는 방법을 제시해준다. '마지막 비상구'에서 제시하는 해결책을 아이와 함께 실천해보고 싶다. 화가 나면 우선은 손톱부터 세우고 싶은 순간이 종종 있는데 그럴 때마다 5장 '마지막 비상구'를 펼쳐보면 좋겠다. 이제는 딸의 뚱한 표정이나 답답해하는 한숨 소리가 거슬리지 않는다. 지극히 자연스럽고 내가 필요하다는 신호다. 특히 '건강한 갈등 해결을 위한 SEEK 전략'은 어른들끼리의 의사소통에서도 도움이 많이 될 것 같다.

선생님과 나눈 대화와 가르침으로 아이가 많이 성장한 것을 느낀다. 아이가 도움이 필요한 순간 '짜잔~' 하고 나타나 때로는 단호하게 때로는 매우 따뜻하게 조언해주는 선생님의 모습에서 큰 사랑을 본다. 눈치 보지 말고 계속 빛나라고, 더욱 빛나라고 말해주는 선생님이 있어서 안심이 된다. 모든 아이들을 잠재적 챔피언으로 바라보는 선생님의 시선이 있기에 분명 아이들은 자신만의 드라마 속 주인공으로 해피엔딩을 그려나갈 것이다. 자신의 아이만 보는 부모의 막무가내 속에서도 조용히 내미는 선생님의 손길은 진정한 협력에 대해 생각하게 한다. 또한 이 책은 나 자신을 돌아보게 한다. 지금의 나는 어떤 모습인가? 우리에게 없는 건 아이들에게도 줄 수 없다고 선생님은 말한다. 선생님을 따라 결심한다. 아이들에게 좋은 본을 보이는, 건강하고 솔직하게 나를 드러낼 수 있는, 좋은 어른이 되기로.

이명희 (강원중학교 학부모)

사랑한다면 미연샘처럼

2008년 11월. 밤 10시 30분. 강원고등학교. 야간 자율학습을 마친 학생들이 우르르 교실을 빠져나갔다. 학생들이 다 나가고 교실을 정리하니 11시. 4층에서부터 자습 감독을 마친 선생님들과 삼삼오오 함께 1층으로 내려간다. 혼자 학교를 나가기는 춥고 무섭다. 1층 북쪽 교실에 아직 불이 켜져 있다. "똑똑! 선생님 계세요?"

뭘 그리 열심히 하는지 인기척도 느끼지 못하는 선생님 한 분이 논문과 책에 둘러싸여 있다. 서른여덟 살, 김미연 선생님의 모습이었다. 이제 막 교사 생활을 시작한 나에게는 까마득한 선배교사였다. 교육에 관한 여러 주제들을 놓고 늦게까지 연구하는 모습이 참 멋져 보였다. 그 후 김미연 선생님 및 다른 몇몇 분의 선생님과 함께 독서 모임을 하게 되었다. 2015년 2월. 선생님은 나에게 '소녀들의 심리'에 관한 책 한 권을 내미셨다. 남학교였던 강원중학교가 남녀 공학으로 바뀌면서 교사들도 여학생들에 대해 조금 더 알아야 한다는 생각이셨다.

맞다. 교사도 늘 배워야 한다. 새로운 상황에 대비해야 하고, 벌어지는 일들에 적극적으로 대처하려면 늘 배워야 한다. 배워야 두렵지 않다. 그때부터 선생님은 이미 '여학생들이 사는 세계'에 대해 탐구하기 시작한 것 같다.

2016년부터 2020년까지, 일 년에 한두 차례씩 만나면서 사는 이야기와 서로의 경험들, 아이들 이야기 등을 나누곤 했다. 지난해부터는 책모임을 통해 삶을 나누고 학생들의 학습지도, 자기주도 학습, 개별화 지도 방향, 맞춤형 수업, 조직의 문화, 개인 삶의 균형에 관해 서로 많은 이야기를 주고받고 있다. 김미연 선생님은 교실 문화, 조금 처지는 아이들에 대해 각별한 관심과 사랑이 있으시다. 이 책에는 학생들을 위해 관찰하고 실행한 선생님의 삶이 녹아 있다. 새벽 시간을 늘 책과 사색의 시간으로 쓰시는 것을 알기에, 선생님의 노력 하나하나로 만들어졌을 이 책이 더욱 값지다. 수수께끼 같은 여학생 또래 문화를 이해하는 데에 큰 도움이 되리라 믿는다.

조소연(강원중학교 교사, 《인터널코칭을 시작합니다》 공저자)

차례

4장 · 네 목소리를 듣고 싶어

5장 · 마지막 비상구

부록

봄이 찾아오면 새 학기도 시작됩니다. 이때는 선생님도 학생들 못지않게 설레고 긴장되기 마련이죠. 저에게는 2013년 3월의 봄이 유독 그랬습니다. 설레기도 했지만 두렵고 떨렸습니다. 1965년 개교 이래 쭉 남학생만 받아온 우리 학교에서 여학생을 보게 될 줄이야.

개학 전부터 여학생들을 맞이하기 위한 준비로 우리는 몹시 분주했습니다. 겉으로 보기엔 화장실 시설 공사가 가장 큰 일이었지만 교사들이 준비할 것이 너무 많았어요. 여학생의 학급 배치부터 급식이나 체육수업 등 여학생을 고려해 모든 것을 바꾸어야 했어요. 개학 첫날, 아이들을 맞이하고 난 선생님들은 안도와 함께 기대감으로 가득 찼습니다. 수업 분위기가 너무 좋다, 교실이 밝아지고 좋은 기운이 느껴진다, 아이들이 인사를 너무 잘한다, 아이들의 환한 웃음과 조용하게 수업에 집중하는 모습이 좋다 등 긍정적인 반응이 터져 나왔지요. 그렇게 1학년 66명의 여학생을 맞이한 후로 학

교에는 부드러우면서도 활기찬 기운이 가득했습니다. 수업 시간 살짝 웃으며 선생님 말에 공감해주는 눈빛, 점심시간 삼삼오오 벤치에 모여서 즐겁게 떠드는 모습, 복도에서 친근한 표정으로 다가와 인사하는 모습, 다채롭게 꾸며진 학급의 게시판 등 학교의 분위기가 완전히 달라졌어요. 무엇보다 학기 초만 되면 불거지던 학생 폭력 사안이 눈에 띄게 줄었습니다. 우리는 학교에 새로운 지평이 열렸다며 달라진 학교 분위기를 한껏 즐겼지만 아름답고 평온한 낭만적 시간은 오래 가지 못했습니다.

얼마 지나지 않아 아이들 사이에서 맴도는 묘한 공기가 교실을 감싸기 시작했습니다. 우리는 자욱한 안개 속을 헤매는 것 같았어요. 새 학기의 긴장감 속에 숨어 있던 생채기들이 삐죽삐죽 튀어나오기 시작한 거죠. 도대체 왜 이러는 걸까? 이 분위기는 뭐지? 어떻게 하지? 여자아이들의 사회생활은 남자아이들의 그것과는 너무도 결이 달랐습니다. 여학생 지도는 처음인데다가, 어떻게 하면 되는지 배우지도 못했거든요. 교사들 각자가 막연한 '카더라 정보'와 자기 경험에 비추어 나름대로 준비하고 대응해나갈 뿐이었어요.

학교 내에 남학생간의 우당탕 다툼은 많이 줄어든 게 사실이지만 친구 관계의 역학은 한층 더 복잡해졌습니다. 고려할 변수가 훨씬 많아졌고요. 그저 잘 되겠지 하고 막연하게 생각할 때 이미 재앙이 시작된 게 아닌가 생각해요. 학교에 열린 새 지평에 닥친 현실을 직시하기가 어려웠습니다. 같은 여자이고, 딸아이를 키우고 있으며,

교직에 들어온 후 수많은 아이를 가르쳐왔는데도 전혀 알지 못하는 세계가 있었다니, 충격이었습니다. 여학생들 사이에 벌어지는 은밀하고 간접적이고 비신체적인 괴롭힘에 대해 너무나 무지했던 거죠.

어떤 아이에게는 교실이 지뢰밭처럼 느껴져요. 아이들 사이에 소용돌이치는 심리적 긴장감이 언제 어디서 어떻게 폭발할지 모르니까요. 그러한 상태에서 어떤 아이는 하루하루 고통 받으며 숨죽인 채로 살아가죠. 아이들 사이의 이런 모호한 갈등 상황은 겉으로 보기에 조용해요. 우리가 교우간 갈등을 그저 성장기의 통과의례 정도로 치부하곤 하는 이유입니다.

이 책을 읽고 있는 선생님은 어떻게 생각하실지 궁금해요. 십대의 흔한 드라마쯤으로, 별로 중요하지 않은 일로 가벼이 여기고 계시진 않은가요? 선생님이 너무 과민하게 반응하거나 깊숙이 개입하여 아이들을 '휴~' 하는 한숨 뒤로 숨어버리게 만들고 있지는 않나요? 혹은 아이들 스스로 문제를 해결해나가야 한다는 생각으로 이런 문제에 전혀 개입하지 않는 어른 중 한 명인가요?

우리는 아이들을 어떻게 도울 수 있을까요? 아이들은 도와주려는 선생님을 외면하기도 하고, 통제할 수 없는 행동으로 물러서게 만들기도 합니다. 가장 어려운 상황은 아이들의 행동을 교사 자신의 지도력의 결과로 생각할 때입니다. 그 순간 휩싸이는 무력감과 분노는 선생님에게 도전이 되지요. 아이들을 있는 그대로 보는 것이 어려워지고요. 제가 여기서 이야기하고자 하는 건 아이들이 선생님의 인내심을 시험하고 화나게 하는 지점에 대한 것이 아닙니다. 이런 문제를 잘못 다룰 경우 아이에게 도움도 되지 않고 관계만 나빠진다는 것을 기억해야 해요.

여자아이들의 사회생활을 가까이서 깊숙이 살펴보는 것은 쉽지 않은 일이죠. 여자아이의 사회생활에서 관계는 양날의 검이니까요. 대부분 아이들은 좋은 친구들의 이해와 존중 속에서 친밀한 관계의 우정을 소중하게 쌓아갑니다. 그러나 아이들의 관계가 항상 그렇기만 한 것은 아니에요. 그들은 때로 서로를 괴롭히고 밀어냅니다. 그 상대가 자신이 속해 있는 친한 친구 집단 중에 있다는 것이 당사자를 혼란스럽게 하고 좌절하게 만들어요. 친구가 주는 휴식 같은 안정감과 기쁨은 파괴적인 이별과 배신으로 한순간 산산조각 날 수 있습니다. 이러한 고통은 순간의 경험으로 그치지 않고 다른 사람과 건강한 관계를 맺을 수 있는 자신감을 앗아갑니다. 그래서 이 시절의 관계는 십대 시절뿐만 아니라 그 이후의 삶에도 광범위한 영향을 미친다는 점에서 더욱 중요해 보여요. 무엇보다 선생님이 아이들의 나이였을 때 모습을 돌이켜보면 도움이 될 것 같아요. 갑자기 자고 일어났더니 아이들과 같은 교실에서 생활하는 십대가 된 영화의 주인공이 되었다고 상상해보세요. 지나온 세월 동안 축적된

지혜와 걱정, 상식 등은 잠시 접어두고 그때 내가 중요하게 생각했던 것은 무엇이고, 어떤 점이 힘들었는지를….

쉬는 시간 왁자지껄함 속에서 내 친구 집단 속 한 아이가 나를 노려본다. 그러다 다른 친구를 향해 은근하게 미소 짓는다. 그날 내내 나를 욕하는 말을 써서 돌리는 데스노트가 작성되었다. 다음 날 아침부터 나는 고개를 들 수 없었다. 어깨도 잔뜩 움츠러들었다. 눈을 둘 곳이 없다. 얼굴이 화끈거린다. 모두가 나를 쳐다보며 웃는다. 데스노트에 무엇이 적혔을까 하는 생각이 머릿속을 가득 채운다. 내가 무엇을 잘못했는지 모르겠다. 내 편이 되어줄 친구가 있을까, 당장 화장실은 누구랑 같이 가자고 해야 할까 걱정이 된다.

사소한 일이라며 웃어넘기지 마세요. 그건 아이들의 현실을 무시하는 거니까요. 또 이런 상황을 인지한 선생님도 상처 받을 수 있다는 걸 알아야 합니다. 우리가 어린 시절 받은 마음의 상처는 쓸데없는 과민 반응을 일으키기도 하니까요. 신속하게 나서야 할 순간에 주저하고, 아이의 고통에 집착하여 직접 문제를 처리하려 나설 때가 바로 그런 순간이지요. 선생님의 어린 시절 경험은 아이를 공감으로 초대하는 선물이 될 수도 있고, 과도한 불안감으로 상황에 취약한 상태로 몰아갈 수도 있어요. 자신의 고통을 인식했다면 우선

자기 상처를 치유하는 것이 우선일 수도 있습니다.

　선생님, 아이들의 세계를 알아가는 노력을 멈추지 마세요. 모든 사람이 이러한 일을 겪는 것은 아니지만 현재 선생님의 교실에서 일어날 수 있기 때문입니다.

 우리는 항상 평화롭고 안전한 교실을 만들기 위해 고군분투합니다. 하지만 이 시간에도 자신에게 벌어지는 상황을 해석하느라 힘겨운 아이들과, 아이보다 더 화가 난 부모님을 마주해야 하는 선생님이 있습니다. 그런 선생님들에게 제가 경험한 여중생들의 사례를 들려드리고 싶어요. 아이들의 또래 간 역학관계와 그들이 겪는 어려움에 관해서요.

　저에게도 중학교 여학생들의 또래 관계를 다루는 것은 무척 어려운 일이예요. 때로는 모른 척 지나치려다가도 아이들의 절실한 마음을 잘 알기에 다시 돌아서곤 하지요. 아이들이 자신들의 고유한 관계 맺기 방식과 그 속에서 비롯된 심리적 부작용을 이해하고 극복할 수 있도록 돕는 일은 매우 중요하고 또 시급합니다. 아이들의 세계에 관심을 두고 조금만 들어가 보아도 아이들에게 도움이 필요하다는 것을 알 수 있어요. 학교에서 아이들과 함께 이 문제를 헤쳐나가는 과정은 굉장히 까다롭고 복잡해요. 결코 자동화할 수 없지

요. 지극히 인간적인 과정이기에 골치 아프고, 난처하고, 고됩니다. 그동안 적극적으로 다루어진 영역이 아니기에 구성원 간의 공감과 팀워크, 그리고 인내심과 끈기가 필요한 건 당연한 일입니다. 저는 또래 관계로 힘든 상황 속에 있는 아이들을 돕겠다는 공동의 목표를 향해 함께 지혜를 모아나가고 싶습니다. 우선 제 경험을 바탕으로 문제해결의 주체인 학생들과 협력하는 방법, 그리고 사전 예방적인 접근 방식을 전해드리고자 합니다. 불안한 학부모와 파트너십을 만드는 과정도 나누고 싶습니다.

오늘도 눈앞에서 펼쳐지는 아이들의 사회생활을 지켜봅니다. 그들 속에 오르내리는 눈치 지수가 오늘은 어떻게 바뀌었을까요? 오늘은 몇 점일까요?

1장

/

우리도
그들처럼

눈치 게임장

　중학교에 입학한 여자아이들에게 "좋은 친구는 어떤 존재야?" 하고 물어보았어요. 여러 답 중에 가장 인상 깊었던 답은 "바리케이드 같은 존재"였습니다. 그 답에 많은 아이가 공감하네요. 낯설고 새로운 환경에 적응해야 하는 학기 초나 새 학년을 맞이하면서 아이들은 걱정이 많아져요.

　　내가 싫어하는 아이들이 우르르 몰려 있지는 않을까?
　　작년부터 사이가 틀어진 태연이와 한 반이 되면 어쩌지?
　　친한 애들과 같은 반이면 좋겠다.
　　제발 그 선생님만은 담임이 아니길.

　개학 전부터 어느 반이 되어 누가 내 옆에 앉고 누구와 친하게 지내게 될지 기대와 초조가 뒤엉키는 게 전해져서 안쓰럽네요. 드디어 개학 날, 교실은 눈치 게임장 같습니다.

> 친구가 없어서 혼자가 되지는 않을까?
> 누구에게 먼저 말을 건네야 할까?
> 누가 나랑 맞을까?
> 이 친구와 다니면 다른 친구들이 어떻게 볼까?

보이지 않고 들리지도 않는 눈치들이 교실을 가득 채우고 있어요. 오롯이 나의 직감에 의존해서 관계를 조율하는 시선들을 만나고 있기 때문이죠. 여자아이들은 대체로 서로를 탐색하며 오가는 시선을 부담스러워합니다. 교실뿐만 아니라 등하굣길, 복도, 특별실, 급식소, 체육관에서 어쩔 수 없이 자신이 노출되기 일쑤예요. 아이들이 가장 두려워하는 것은 시선이 왜곡되는 것입니다. 눈치 게임장에서 내가 어떻게 비추어질지, 원하지 않는 모습으로 나를 보는 건 아닐지 무언의 압박감을 느껴요. 이럴 때 누군가가 옆에 바짝 붙어서 시선을 막아주는 바리케이드가 되어준다면? 아, 이제 이해가 됩니다. 시선 싸움 속의 비무장지대와 같이 안전한 공간이 생기게 되는 거죠. 그 안에서 긴장과 불안은 친밀감과 따뜻함으로 전환되고 위축된 몸과 마음에 생기가 돌게 될 테니까요. 아이들은 시선 중에서도 혼자여서 왕따로 보이게 되는 것을 가장 두려워한다고 했어요. '혼자 다니는 아이는 따 당하는 걸로 보여진다'라는 아이들 생각을 읽을 수 있죠. 여자아이들의 이러한 경향성은 베프, 절친, 단짝이라는 둘만의 강력한 관계를 원하는 것으로도 나타나요. 둘만의 강한 소속감의 필요성을 같은 또래의 남자아이들보다 더 강하게 느끼는 것 같고요. 여자아이들이 그런 관계를 더욱 빨리, 더욱 능숙하게 형성하는 모습은 매우 익숙하고 자연스럽습니다. 이처럼 교실 안의 치열한 무형의 전쟁 속에서 긴장과 불안을 완화해주는 역할을 하는 단짝이라는 존재는 여자아이들에게 매우 소중합니다. 아이들이 개학 전부터 반 배정으로 많은 스트레스를 받는 건 어쩌면 당연해요. 자신의 사회생활을 결정짓는 중요한 변수니까요.

모든 여자아이들이 눈치 게임장에 발을 들이는 것은 아니에요. 많은 수는 아니지만 두드러지게 한 또래 그룹이나 한 아이하고만 관계하지 않고, 두루두루 반 아이들과 잘 지내는 아이들을 볼 수 있습니다. 이들은 대체로 높은 자존감을 유지해요. 다른 사람이 자신을 어떻게 받아들이느냐에 자존감을 걸지 않기 때문이라고 생각됩니다(3장에서 이들의 역할에 대해 더 다룰게요). 이 아이들이 성장하는 모습을 보면서 여자아이들을 어떻게 지도하면 좋을지 영감을 받습니다. 그리고 아이들이 자기의 삶을 주도적으로 그리고 실천할 수 있는 가능성을 봅니다. 아이들이 눈치 게임에서 한 발짝 물러나서 자신이 처한 상황을 정확히 바라보는 것에서 시작할 수 있어요. 눈치 게임에서 벗어나는 순간, 아이들은 자신의 진정하고 고유한 모습에 귀 기울일 수 있습니다. 또한 누가 정한지도 모르는 기준에 들기 위해 오늘도 힘겹게 싸우고 있는 아이들에게 진정한 삶의 여유와 자유로움을 배울 수 있는 기회가 될 거예요.

챔피언의 길

꽤 오랜 시간 동안 또래상담 동아리 지도교사를 했어요. 남자중학교에서는 학기 초 아이들이 동아리 선택을 할 때 떨어지고 떨어져 갈 데 없는 아이들로 채워지기 일쑤였어요. 또래상담활동이 남자아이들에게는 크게 인기가 없었지요. 매년 야심차게 계획을 세우고 관심 있는 아이들을 유치하려 애를 썼지만 큰 소득은 없었습니다. 그런데 남녀공학이 된 이후부터 판도가 바뀌기 시작했어요. 또래상담이라는 활동을 의미 있게 받아들이고 흥미를 갖는 여자아이들이 들어오기 시작한 거예요. 어떤 때는 모집 인원보다 많은 아이들이 지원해서 면접을 보고 뽑는 행운을 갖기도 했으니까요. '思考뭉치' 또래상담 동아리 아이들은 남녀공학 지도 1년차 교사였던 저에게 새로운 경험과 영감을 샘솟게 하는 원천이었습니다. 특히 첫 해 멤버였던 시현, 해인, 소영, 가인, 희주는 여학생들의 세계에 노크를 하고 발을 들이게 만든 소중한 아이들입니다.

같은 초등학교에서 올라온 다섯 명의 아이들은 아침 식탁 위의 신선한 샐러드 같았어요. 각각의 재료들이 저마다 고유한 맛을 내면서 다채로운 색깔로 섞여 있는 모습이 꼭 그랬거든요. 키도 모두 달라서 한 줄로 서면 1번부터 5번까지 순서대로 보기좋게 설 수 있었고요. 성적도 천차만별이어서 전교 10등 안에 드는 아이부터 전교생들 뒤에서 열 번째를 넘어서지 않는 아이까지 다양했지요. 재능도 모두 달랐죠. 그림을 잘 그리는 해인이, 피아노를 잘 치던 가인이, 여행을 너무 좋아해서 승무원이 되려고 했다가 여행 작가를 하면 어떠냐는 조언을 잘 받아들이던 소영이, 공부를 가장 잘했던 시현이, 수학을 잘해서 친구 관계에 대한 관계 맵 그리기로 통계대회에 참가할 때 중추적인 역할을 했던 희주 등 서로 다른 부류의 아이들이 친구가 되는 것을 보면서 마음이 따뜻해지곤 했습니다. 그것이 그들에게 어느 날은 힘겨운 일이기도 했지만 우정을 맺고 지켜가기 위해 애쓰고, 서로를 막고 있는 차이를 극복하는 모습을 볼 때마다 감명 받곤 했지요.

벚꽃이 봄바람에 휘날리며 떨어지던 어느 날이었습니다. 그날은 思考뭉치 5인 방의 진가를 알게 된 특별한 날이었어요. 학기가 시작되고 얼마 지나지 않았는데 학급 아이들이 패를 이루어 서로 경쟁하는 모습이 눈에 띄기 시작했습니다. 점점 다른 아이들을 괴롭히고 반목과 불화가 점점 심해지는 것이 보여서 어떻게 할까 고민하다가 랜덤으로 친구의 이름이 적힌 쪽지를 뽑게 하고, 뽑은 친구에 대한 좋은 점, 기대되는 점, 응원의 말 등을 글을 써서 제출하라는 과제를 내주었어요. 반에는 자폐스펙트럼이 있는 아이가 있었어요. 말이 느리고 공감력이 부족해서 아이들과 관계 형성이 어렵고 수업 시간에도 상호작용이 어려운 아이였습니다. 그 아이의 이름이 적힌 쪽지를 갖고 싶지 않은 아이가 있었나 봅니다. 그 아이의 이름이 적힌 쪽지를 뽑은 아이가 그것을 버렸고, 우연히 그 모습을 목격한 시현이가 그 쪽지를 가져와서 5인방에게 보입니다. "있잖아, 버리면서 누가 보는지 신경도 안 쓰더라. 초등학생도 그렇게 행동하진 않겠다. 정말 못됐어." 그 말을 듣고 아이들이 앞다퉈 의견을 냈습니다.

"자기 장점을 써 온 아이가 없다는 걸 알게 되면 정말 상처 받을 텐데." "우리가 써주자. 으음, 근데 쪽지를 못 받는 아이들이 또 있을까?" "그럴 수 있을 것 같아. 우리가 몇 개 써놓고 이름이 안 나오면 그걸로 주면 좋겠다. 그래도 되죠? 선생님?"

다름을 따뜻하게 수용하며 그의 편에 설 수 있는 또래상담부 아이들의 힘은 강력했습니다. 이후에도 5인방의 활약은 대단했어요. 특히 아이들의 의식을 변화시키는 것이 중요하다는 것을 알게 되면서 캠페인 활동에 많은 관심을 보였는데, 그 중에서도 점심시간에 달달한 작은 알약을 위트 있는 처방전과 함께 제공하던 '행복약방'이 가장 기억에 남네요. 기꺼이 자신들의 원을 넓혀 모든 아이들을 환영해주는 아이들, 험담에 대해 토론하며 '결국엔 내적인 힘을 키워야 한다'고 결론을 짓던 아이들, '너는 더이상 혼자가 아니'

라며 소외되는 아이들의 손을 기꺼이 잡아준 아이들, 졸업한 후에도 종종 찾아와 '요즘 아이들은 어때요?' 하며 자기들은 다 컸다는 듯 저를 살펴주는 아이들을 저는 '챔피언'이라고 부르기로 했습니다. 어떻게 보면 이 책의 목적도 많은 아이들이 챔피언이 될 기회를 얻도록 돕는 것에 있습니다. 그 길로 안내하기 위해서는 아이들 사이에서 일상적으로 벌어지는 관계적 폭력의 길을 먼저 지나가야 합니다. 때로는 아이들의 삶에 자리한 어두운 부분까지도 들여다보고 다루게 될 거예요. 변하지 않는 것은 그들에게 가장 소중한 건 여자친구들이라는 거죠. 이 아이들이 서로의 차이를 인정하고 보듬어주며, 도덕적 딜레마에 처할 때도 비열함을 선택하지 않도록 이끌수 있다면 이들은 모두 챔피언이 될 수 있습니다.

思考뭉치 5인방

샐러드처럼 다채롭게 뒤섞인 다섯 아이에 대한 이야기를 좀더 할게요. 5인방이 처음 입학했을 때를 생각하면 절로 미소가 지어집니다. 비가 오는 날이면 하나밖에 없는 우산 속에 다섯의 머리를 집어넣고는 손에 손을 맞잡은 채 느릿느릿 급식소로 내려가던 우스꽝스러운 모습이 보이곤 했습니다. "너희들 왜 그리 어렵게 다니니?" 하는 말에 아이들은 뭐가 그리 좋은지 깔깔대면서 "그냥이요. 우린 같이 가야 해요." 하고 답하며 정말로 그냥 즐거워합니다. K-Hill 언덕 아래 급식소 앞에 남학생들이 급식을 먹기 위해 줄을 섰네요. 이때 66명의 여학생들에게는 줄을 서지 않고 바로 입장하는 특혜가 있었어요. 시간이 지나면서 남학생들의 볼멘소리가 들려오기 시작했습니다. 1학년 여자아이들이 밥을 먼저 먹는 것에 대한 항의였어요. '우리만 차별한다'는 남학생들의 불만이 받아들여질 즈음 또래 상담 동아리 '思考뭉치'에서 소동이 일어났습니다.

주말에 동아리 단톡방에서 토요일 활동을 논의하던 중에 1학년 시현이가 선배들이 너무 장난만 해서 결정하기가 어렵다는 글을 올렸고, 다른 여자아이들이 동조했습니다. 2학년 남학생이 기가 차다는 듯이 윽박지르자 서로 설왕설래하는 과정에서 일이 커졌어요. 이후 서로를 못 본 척하며 냉기가 흐르는 교실에서 등을 돌리고 지냈습니다. "이게 어디 감히 하늘 같은 선배한테 대들어. 내가 1학년 때는 선배가 뭐라고 해도 참았어. 너희는 여자라서 그러는 거냐? 뵈는 게 없어?" 여학생들이 지지 않고 따졌습니다. "뭐라고요? 선배면 선배답게 하셔야죠. 매번 회의 때마다 장난만 치니까 진행이 안 돼서 결국 단톡방에서 하게 된 거잖아요. 그리고 거기에 여자가 왜 나와요?" 이렇게 다투는 것을 옆 교실 선생님이 듣고 저에게 알려주었습니다.

사실 5인방 여학생들은 남학생 선배들보다 생각하는 면에서 더 성숙한 면이 있었습니다. 어떤 활동을 할까, 어떻게 하면 더 잘할 수 있을까 등 동아리 활동에 관심이 많고 의욕도 넘쳤지요. 내년에는 자신들에게도 후배가 생긴다고 좋아하면서 동아리 홍보 계획을 세우는 등 적극적인 여학생들에 비해 남학생들은 매사 소극적이었어요. 자신들이 원해서 온 동아리도 아닌데다 너무 열심히 하면 선생님한테 잘 보이려 한다는 비난을 받기도 한다는 것을 그 동안의 경험으로 알기 때문에 적당히 끌려 가는 상황이었거든요. 안 그래도 우리는 남자 아이들과 여자 아이들을 조화롭게 지도하는 데 시행착오를 겪고 있었어요. 급식소 사건과 동아리의 선후배 전쟁에 선생님들은 낙심했습니다. 나중에 알게 된 건데 남자아이들은 지금까지 선배들이 힘을 과시할 때마다 자기들도 곧 선배가 된다는 위안으로 참아왔다고 해요. 그런데 여자 후배들 때문에 선배에 대한 존중을 제대로 받을 수 없다는 부정적 생각이 들자 화가 났다는 겁니다. 우리의 바람과는 달리 갈등이 성별 차로 강화되었어요.

아이들은 더 예민한 상태로 중간고사를 보았습니다. 어떻게 해야 할지 갈피를 잡지 못하고 있을 때 청소년 문화의 집에서 2학기에 연극을 할 동아리를 모집한다는 공문을 우연히 보게 되었어요. 몇 개의 동아리에서 즉시 신청을 하였고 선정되자마자 문화의 집으로 전화를 걸어 우리의 이런 상황을 설명하고 아이들의 관계가 회복되는 데에 이 연극 활동이 도움이 되었으면 좋겠다는 저의 의도를 전달하고 사전 협의를 마쳤습니다. 아이들은 개학 후 2학기 내내 동아리 시간에 전문 강사님의 지도를 받으며 연극을 준비했어요. 마침

내 동아리 발표대회에서 학교의 관심을 받으며 막이 올랐고, 결과는 기대 이상이었죠. 연극 후 소감을 나누는 자리에서 아이들이 한 말이 아직도 기억납니다. 남자 아이들은 자신들이 그동안 선배들이 힘들게 하는 것을 참았으니, 후배들에게 당연히 가해할 수 있는 권리가 있다고 여기던 생각을 바꾸게 되었다고 했습니다. 엉뚱한 사람에게 화풀이하는 데 불과한 지질한 행동이었다고요. 그리고 '여자라서 그러는 거냐'라는 발언에 대해서도 사과하였습니다. 여자아이들은 선배들을 존중하지 않고 비난만 한 것에 대해 사과하였고, 훌륭한 무대를 함께해서 감사하다는 말도 잊지 않았지요.

그렇게 감동을 준 연극 공연이었지만, 남녀 아이들 사이의 모든 갈등이 완전히 해소된 것은 아닙니다. 이런 갈등은 우리의 오래 전 어린 시절의 기억 속에 한 부분을 차지한 채로 지금까지 이어지고 있고, 더 심화된 형태로 나타나곤 합니다. 우리보다 더 많은 날을 살아가야 할 아이들에게 각자 고유한 특성을 깨닫도록 하는 것은 매우 중요합니다. 교실에서 각자 성의 우월성을 주장하며 편을 가르고, 혐오로 사이가 왜곡되기 전에 서로를 인정하고 존중하는 법을 배워야 해요. 우리가 계속해서 차이를 바라보고 서로를 인정하고 함께 노력해나간다면 다정하고 따뜻한 관계를 가꿔갈 수 있습니다. 우리의 교실이 지금 이 자리에 머무르지 않고 끊임없는 생각과 의견 나누기로 깨어 있는 공간이 되어야 하는 이유입니다.

친밀한 적

남자중학교가 남녀공학으로 전환된 첫해에 입학한 주희와 면담을 하였습니다. 누구와 가장 친하냐고 물으니 "애나하고 가장 친해요. 6학년 때부터 단짝이었어요. 같은 중학교에 오고 같은 반이 되어서 너무 좋았어요. 그 애를 전적으로 믿었는데…"라고 입을 뗀 후, 숨을 크게 들이쉬었습니다. "애나가 그러는데, 얼마 전부터 같이 다니게 된 민아가 제 험담을 하고 다닌대요." 주희의 목소리가 흔들렸습니다. "저는 수준 낮게 하고 싶지 않아서 주희의 말에 대꾸하지 않았어요. 그런데 어제 민아가 전화로 저에게 자기 험담을 왜 하냐며 되레 따지는 거예요." 저는 단순히 친구 관계를 파악하기 위해 가볍게 던진 질문이었는데 주희는 이렇게 깊은 고민을 털어놓는 것이었습니다. 민아와는 처음에 약간 어색했지만 애나와 어울려 셋이서 잘 다녔는데 지금은 둘이서 사사건건 트집을 잡아 자기를 못살게 군다고 했습니다. "눈을 마주치지 않고 내가 말을 해도 안 듣고, 늘 그런 식이예요." 왜 그러느냐고 묻자 "전 그 애들에게 늘 잘해주고 아무 짓도 안 했어요."라고 했습니다. 목이 메이고 눈물이 그렁그렁해진 주희는 아이들이 또 어떻게 할지 모르기 때문에 학교에 오기가 겁이 난다고 했습니다. 저도 모르게 이렇게 말하고 말았습니다. "그런 행동에는 무시하는 방법이 제일 좋은데…." 주희는 한숨을 크게 내쉬고 말했습니다. "무시할 수가 없어요. 계속 못살게 군단 말이에요. 자꾸 건드려요. 나를 빤히 쳐다보면서 자기들끼리 귓속말을 하는데 무슨 얘기 하는지 다 들려요."

그냥 무시하라는 제 말에 주희는 몹시 실망한 눈치였습니다. 친구들의 말없는 괴롭힘에 대해 더 말하고 싶지만 표현할 길이 없어 답답한 것 같았습니다. 저도 이야기를 듣는 내내 머릿속이 복잡했습니다. 점심시간에 데크에 셋이 둥글게 앉아 사이좋게 이야기하는 모습을 본 게 조금 전이었거든요. 등교할 때도 교문 앞에서 서로 기다리고 있다가 셋이 다 모이면 같이 학교로 들어가는 모습을 여러 번 보기도 해서 셋이 친하게 지내는 줄로만 알고 있었습니다. 그래서 수업 시간에 같은 조로 묶어주는 배려도 해주었는데…. 주희가 털어놓기 전까지는 이런 어려움이 있다는 것을 상상도 못 했습니다. 그때까지만 해도 친한 아이들끼리 소소하게 감정을 다투는 것을 중학생 여자애들의 사소한 장난이라고 생각하고 크게 관심을 두지 않은 것이 사실이었습니다. 게다가 그 셋은 언제 그랬냐는 듯이 이후에도 잘 어울려 다녔습니다. 친구 사이가 맑았다 흐렸다 하며 그렇게 3월이 지나고 있었습니다.

주희와의 면담 이후 자책과 함께 교실 안의 아이들에 대해 여러 가지 질문이 생겨났어요. 아이들의 우정을 너무 낭만적으로 생각했던 것일까요? 여자아이들의 우정이라고 하면《빨강머리 앤》의 다이애나가 먼저 떠오릅니다. 자신과 다른 모습에 당황하면서도 친구의 모습을 있는 그대로 받아들이고 마음을 나누며 성장하죠. 가족

이상으로 서로에 대해 애정을 갖고 끝까지 편들어주며 착한 영향력을 전하는 둘의 모습에서 단짝이 주는 행복을 느낄 수 있습니다. 이들처럼 어려서부터 시작된 단짝 친구와의 소중한 관계가 중학교에 들어간 뒤까지 이어진다면 참 좋을 거예요. 하지만 둘의 우정에 금이 가는 순간은 오기 마련이죠. 그런 위기는 둘 중 한 아이가 사회적 영역을 넓히고자 할 때 찾아옵니다. 이때 따돌림 현상이 나타나곤 해요. 따돌림이라는 말에서 우정을 연상하기는 어렵지만 친하게 지내는 여자아이들 사이에서 은밀히 따돌리고 괴롭히는 현상은 매우 빈번히 일어납니다. 견고한 친밀함과 소소한 쑥덕임이라는 장난의 베일에 가려진 채로요. 아이들은 서로 상처 주며 괴롭히는 행위까지도 우정의 표현이라고 생각하는지도 모릅니다. 비열하게 굴면서 우정을 말하는 친구를 어떻게 대해야 할지 알기 어렵지요. 친구라고 말하기에는 비열하게 대하고, 싸우는 적군이라고 보기에는 친밀한, 왜곡된 관계를 일컫는 말이 있습니다. 친밀한 적(frenemy-friend+enemy)입니다. 친하면서도 상처 주고 괴롭힌다는 주희의 말에 놀랐지만 지금이라도 알게 되어 다행이라는 생각이 들었어요. 희미하지만 어떻게 하면 될지 방향키를 잡게 된 거죠. 앞으로는 여자아이들의 다툼에 개입할 때 자동으로 나오던 말, "너희들 친하잖아. 사이좋게 지내야지." 따위의 말은 하지 않기로 했습니다. 대신 이렇게 말합니다. "모든 친구와 친하게 지내는 것은 어렵다. 그러나 나와 맞지 않는다는 이유로 다른 사람에게 상처 줄 권리는 없다. 모든 아이들과 친할 수는 없더라도 모두와 잘 지낼 수 있어야 한다." 친하지 않은 관계라도 상대를 존중하고 배려하며 친절하게 대해야 하는 이유를 말해줍니다. 아이들이 좋은 친구가 되고 좋은 친구와 어울리는 것보다 더 중요한 것이 있어요. 친구 관계에서의 윤리적 행동, 도덕적 용기, 모럴(moral), 비판적 생각을 키워주는 것입니다. 아이들이 어떤 사람이냐가 아니라 아이들이 하는 행동에 주의를 더 집중해야 합니다. 작은 일이라 할지라도 결과는 큰 상처를 남길 수 있으니까요. 작은 놀림 등 사소하다고 생각되는 잠재적 비열한 행동에 맞서서 확실한 도덕적 입장을 세우는 교실이어야 합니다.

Honey Tip

아이를 실망시키는 어른의 말

· 다 지나갈 거야. 누구나 겪는 일이란다.
· 신경 쓰지 마. 강해지자.
· 그 아이들은 너를 질투하고 있는 거 같은데, 네 생각은?
· 그런 애들은 너한테 어울리지 않아.
· 그 아이들은 원래 불안정해 보였어.
· 여자아이들은 다 그래. 너도 익숙해질 거야.
· 하지만 너희들은 아주 좋은 친구들 아니니?
· 네가 너무 예민하게 반응하고 있는 건 아닐까?

소리 없는 총

몇 년 전 EBS에서 화와 분노에 대해 방송한 적이 있어요. EBS다큐프라임 당신이 화내는 진짜 이유 1부 〈원초적 본능 화의 비밀〉(2014. 7.14)을 본 것을 계기로 공격성에 대해 다시 생각하게 되었습니다. 신체적 위협만이 아니라 고함치고 무시하는 행동, 역겨움과 불만의 표현, 표정이나 음성을 통한 비꼬기 등도 얼마든지 공격의 한 형태라는 것을 알게 된 거예요. 가장 흥미로웠던 것은 화가 나면 입을 다물고 눈을 마주치지 않고 접촉을 피하는 등 냉담하게 상호작용을 차단하는 것 또한 공격의 한 형태라는 부분이었어요. 이러한 공격적 행동을 관계적 폭력이라고 부르는 것도 알게 되었습니다. 이걸 보고 눈이 트였습니다. 그동안 은근하니 애매모호했던 교실 안 풍경이 다시 그려졌어요.

수업 첫날 열심히 준비한 오리엔테이션 자료를 설명하던 중이었어요. 희민이가 대각선 앞줄의 소연이를 저주하는 눈빛으로 눈이 튀어나올 듯 뚫어져라 쳐다보고 있네요. 몇 초간 갈등하다가 고작 "자, 집중하자."라는 말로 주의를 주고는 설명을 계속합니다. 이어 소연이가 방학 동안 있었던 것을 발표합니다. 희민이는 마땅치 않은 표정을 하며 큰 한숨을 여러 번 내쉬었어요. 그때 소연이의 양어깨가 움츠러들고 고개가 떨궈졌어요. 이런 상황에서 교사가 무슨 일이냐고 묻거나 관계에 개입하기란 쉽지 않습니다. 바로 옆자리의 영택이가 볼펜을 책상 위에 굴리면 그런 행동을 하지 말아달라고 말할 수 있지만 학생의 눈빛이나 표정을 문제 삼기는 어렵습니다. 남학생들이 싸우면 따로 앉혀놓고 사건의 전후를 밝혀요. 바로 시시비비를 가리는 거죠. 그러나 관계의 문제는 좀더 복잡했어요. 수업 시간 떠들고 소란을 피우는 남학생들에 비해 여학생들은 대부분 수업태도가 바르기도 합니다. 당장 눈앞에서 벌어지는 떠들썩한 상황을 제어하느라 여학생들의 바른 태도 아래 감춰진 몸짓언어에는 신경 쓸 여유가 없네요.

학생들의 몸짓언어에 민감하기 위해서는 항상 신경을 곤두세우고 있어야 해요. 아이들의 상황을 잘 알아야 하고, 몸짓도 세심히 관찰해야 하니까요. 근거가 확실하지 않은 상태에서 섣불리 개입하면 교사 스스로 곤란한 상황에 휘말려드는 것이 되니 어지간하면 피하고 싶은 것도 사실입니다. 동맹이어야 할 학부모가 어느 순간 적이 될 수도 있거든요. 학부모에게 몸짓언어에 대해 설명하면 대부분 이해하지 못하겠다는 표정을 지어요. '그건 아이들끼리 해결해야 할 문제'라는 말로 선을 긋는 경우가 많아요. 대부분 가해학생의 학부모입니다. 피해학생의 학부모는 아이의 학교생활에 지나치게 간섭해서 신경질적인 부모로 보여질까봐 두려워합니다. 동료 교사조차 몸짓언어를 무시하고 교실 안의 문제로 간주하지 않는 경우도 있어요. 모두 이해가 됩니다. 저 또한 스스로 침묵하고 싶은 순간도 있으니까요. 아이들 사이의 미묘한 기류에 개입을 할지 말지를 두고 하루에도 몇 번씩 마음이 흔들립니다. 분명한 것은 아이들을 돕고 싶은 마음만은 흔들리지 않는다는 것입니다. 어떻게 아이들을 도울 수 있을까요? 아이들은 어른이 자신들의 세계를 모른다고 생각하면 그것을 이용합니다. 특히 여학생들은 자신이 하고 있는 공격 행동을 감출 수 있다고 생각하기 때문에 더욱 그럴 수 있어요. 이제 답을 얻은 것 같습니다. 아이들을 돕기 위해서는 아이들을 알아야 합니다. 그것도 아주 잘.

아이들의 삶에 깊숙이 들어가기로 결심한 이후, 이런 일이 있었습니다. 아이들과 보이지 않는 괴롭힘에 대해 대화를 나눈 첫날, 예은이가 아이들이 교실에서 모두 나간 후 조용히 다시 들어왔습니다. "선생님, 그거 어떻게 아셨어요?" 아이는 굉장히 놀랍다는 표정으로 나를 바라보았어요. 예은이는 중학교 3학년으로 책을 좋아하고 과학 동아리 활동을 열심히 하는, 뛰어난 학생이었습니다. 여자아이들이 대부분 몇 명씩 그룹으로 다니거나 단짝 친구가 있는데 반해 예은이는 대부분 혼자 다녀서 꽤 독립적인 아이라고 생각하고 있었어요. 예은이는 이야기를 하는 내내 문 쪽을 의식했어요. 다시 들어오는 아이들이 있을까 염려하는 듯이요. 예은이가 들려준 건 초등학교에서 있었던 자신의 따돌림에 대한 이야기였습니다. 이야기하는 시간 동안 작은 소리에도 불안해하며 머뭇거리다가 이야기의 클라이맥스에서 결국 울음을 터뜨렸습니다. 평상시 동아리 기장으로서 당당하게 자신을 표현하는 예은이의 모습과는 전혀 달랐어요. "제가 공부를 열심히 하고 책을 많이 보게 된 것도 다른 아이들과 눈을 안 마주치고 할 수 있는 것을 찾다 보니 그렇게 된 거예요."

그러고 보니 예은이는 여자친구보다 남자친구가 더 많았습니다. 그리고 일반적인 여학생의 특징이라고 생각하는 친절하고 상냥하고 잘 웃는 모습보다는 눈빛과 표정의 변화가 별로 없는 냉담함이 있었습니다. 예은이는 조용하지만 분명하고 담담한 목소리로 말했어요. "남자애들이랑 같이 있으면 훨씬 안전한 느낌이 들어요."

예은이와 대화는 제게 충격을 주었습니다. 교실에 간접적인 암투의 피해자가 그렇게 드러나지 않은 채 있을 수 있다는 사실 때문에요. 결국 신체만 아니라 영혼까지 관통하여 파괴되는 아픔을 느끼면서 말이죠. 이러한 경험은 시간이 흐른 뒤에도 삶에 영향을 미친다는 것도 일깨워줬어요. 예은이와의 만남 이후 다른 무언가가 필요하다고 느꼈습니다. 그동안 여학생들의 갈등과 화해의 과정에 대해 개인적으로 관찰하고 의미를 찾아왔거든요. 이제는 누군가와 함께 나누면서 확장해야 한다는 사명감이 용기를 갖게 했습니다. 이것은 혼자서 해결할 수 있는 문제가 아니니까요. 처음에는 여학생 따돌림에 대해 시큰둥했던 선생님도 있었지만 서서히 문제인식을 하고 함께하였습니다. 가장 큰 수확은 가르치는 교사이면서 동시에 부모이기도 한 동료들이 스스로 자신의 기억을 풀기 시작한 거예요. 경험을 나누는 동안 우리는 어린 시절 아픈 빈 공간이 있었음을 알게 되었습니다. 이후 아이들의 삶에 관심을 갖는 몇 명의 편집위원이 결성되었고 우리는 지속해서 심도 있는 대화를 풀어나갔습니다. 특히 가장 가까이서 편집위원을 자처하며 혹독한 피드백을 준 사랑하는 학생들과 나눈 대화는 항상 기다려지는 행복한 시간이었습니다.

Honey Tip

아이에게 도움이 되는 말들

· 언제부터 그랬니? 주로 언제 그런 일이 일어나니?
· 그만두게 할 방법이 있을까?
· 그 친구랑 이야기는 해봤니? 다음에는 어떻게 하고 싶니?
· 그렇구나. 정말 속상하겠다. 너에게만 이런 일이 있는 건 아니란다.
· 선생님한테도 그런 일이 있었단다.

그 시절에 나는

이 책을 쓰겠다고 마음먹자 그동안 말로 표현하지 못한 옛 기억이 되살아났습니다. 정말 신기한 것은 청소 시간 희미한 웃음소리와 발소리 아이들의 몸짓, 눈짓 심지어 교실의 냄새까지 생생하게 소환되어 내 앞에서 그 장면들이 벌어지고 있는 것 같은 착각이 들 정도라는 것입니다. 작은 단서로 기억 속의 뭔가가 내 마음을 흔든 것 같았어요. 희미한 기억 속에서 가장 큰 고통은 친한 친구의 배신이었습니다. 그 당시에는 내가 따돌림을 당하고 있다는 사실조차 깨닫지 못했고, 많은 시간이 흘렀지만 아직도 나는 그 이유를 모릅니다.

중학교 3학년 때로 기억됩니다. 수연이는 활발하고 재미있는 아이였는데 나와 그리 친하지는 않았어요. 체육을 마치고 수돗가로 가려는데 수연이가 나와 가장 친한 혜란이와 벤치에서 이야기를 나누는 모습을 보았습니다. 그 뒤부터 혜란이는 다른 아이들과 어울리기 시작하더군요. 당시 3학년 대상으로 학교에서 일박을 하면서 사제동행 추억을 만드는 야영활동 프로그램이 있었습니다. 야영기간 내내 아이들을 찾아 헐레벌떡 쫓아다녔지만 아이들의 희미한 웃음소리와 발소리만 들었던 기억이 납니다. 야영 이후는 그냥 혼자였어요. 교실에서 바라보는 눈빛들에서 드는 서늘한 느낌을 뒤로 한 채 밥을 혼자 먹고, 집에도 혼자 걸어갔죠. 한발 뛰기 게임도 같이 할 수 없었지요. 아침에 교실 문을 열기가 두려워 주저하며 서 있는 날도 많았습니다. 감수성이 풍부하고 호기심이 꽤나 많았던, 활발하고 덤벙대던 평범한 아이는 갑자기 목소리를 잃고 어리숙하게 변했습니다. 그 시간을 어떻게 견뎠는지 잘 모르겠어요. 다른 아이들과 눈을 마주치지 않으려고 노력하고, 숨을 곳을 찾고, 공부를 많이 했던 것 같습니다. 다행히 다른 지역으로 이사하게 되어 한 학기 내내 지속되던 따돌림에서 해방될 수 있었습니다. 새로 전학 간 학교는 기존 학교보다 크고 학급 수도 많았어요. 새 학교에서 조심스럽게 적응해나갔지만 언제나 친구 관계는 가장 큰 과제로 남았습니다.

그로부터 15년이 흐른 어느 날 수연이를 만날 기회가 생겼습니다. 그때 왜 그랬는지를 따져야 했지만 그러지 못했습니다. 아예 마주치고 싶지 않아 서둘러서 외면하며 자리를 뜨고 말았어요. 이 문제가 아직도 진행형이라는 생각에 집에 돌아와서도 밤잠을 이루지 못했습니다. 수연이의 행동으로 친구들이 나를 버린 것과 친한 친구였던 혜란이의 배신 사건은 어린 시절의 기억들과 더불어 그리 쉽게 사라질 수 있는 것은 아니었습니다. 기억 속 빈 칸으로 자리 잡게 된 것이죠. 교직에 들어온 후 남학생을 가르치는 동안은 몰랐던 감정들이었습니다. 그런데 여학생들을 만나면서 의식의 수면 위로 올라오기 시작한 거죠. 여학생들을 만나면서 허둥대고 시행착오를 많이 일으킨 이유가 내 안에 잠재돼 있었던 것입니다. 여자아이들의 갈등 문제가 어려운 것은 그것이 워낙 복잡한 문제인 탓도 있지만 그러한 문제를 대하는 개인의 경험도 영향을 미치는 것 같습니다. 중학교 때 단짝에게서 받은 상처를 극복하지 못한 상태로 아이들의 문제에 무의식적으로 대응하다 보니 내 상처가 드러나는 것이 두려워서 그 상황을 외면하는 경우가 있었어요. 그 당시에는 그것을 인식하지 못했던 것뿐이죠.

나 자신을 좀더 본격적으로 들여다보는 계기가 된 사건이 또 하나 있습니다. 학교 차원의 생활지도 연수에 참여했을 때입니다. 각자 힘들었던 생활지도 사례를 나누는 모둠활동 시간이었어요. 이때 한 젊은 여선생님이 작년에 여학생들을 맡아 담임을 하면서 겪은 아이들 사이의 미묘한 관계적 문제에 대해 들려주었습니다. 1년 내내 힘들었던 사례를요. 선생님은 아이들 사이에서 어떤 역할을 해야 할지 끝내 갈피를 잡지 못했습니다. 또다시 같은 상황이 생긴다 해도 여전히 달라질 건 없을 거라며 긴 한숨을 쉬었어요. 돌이켜보기도 싫을 정도로 힘들었고 지금도 여전히 모르겠다며 난감해하던 표정이 기억납니다. 나중에는 반 아이들 모두가 선생님인 자신을 탓하게 되었고, 관계가 나쁜 채로 학년이 끝났다면서 결국 눈물을 보였습니다. 같이 있던 한 선생님이 "그런데 지금 애들 사이에 있는 상황이 우리 어렸을 때도 있지 않았나요?"라고 말했습니다. 그 말에 나는 아무도 시킨 사람도 없는데 중학교 시절 있었던 따돌림 경험을 털어놓았습니다. 얘기하고 나니까 마음이 편해졌어요. 선생님들과 경험을 나누면서 같은 문제와 아픔을 겪고 있다는 것을 알게 되었고요.

짧지만 강렬했던 그날의 연수 이후 아이들을 대하는 태도가 바뀌었습니다. 아이들의 문제를 균형 있게 다룰 수 있는 힘이 생긴 것 같습니다. 가장 큰 수확은 선생님들의 친밀감과 유대감에 대한 것입니다. 선생님들 사이에서 형성된 공감과 이해를 바탕으로 형성된 친밀감과 유대감은 협력적인 교사 관계를 만드는 기반이 됩니다. 이것이 갖는 힘은 대단합니다. 교실 안에서 내가 책임지고 가르치는 나만의 아이에서 우리 학교 모두의 아이로 확장시켜 줍니다. 아이들의 문제는 더 이상 나만의 문제가 아닙니다. 우리가 함께 손잡고, 머리 맞대고 해결해야 할 우리의 문제가 됩니다.

Look Back

그 시절에 나는
- 어린 시절 졸업앨범에 친구들이 어떤 말을 적어주었나요? 졸업 앨범이 없다면 롤링페이퍼나 조그마한 편지글을 다시 읽어보세요. 친구들은 선생님의 어린 시절을 어떻게 기억하고 있을까요?

2장

/

보이지 않는
전쟁

싸우는 중

아이들과 사례를 나누는 시간은 굉장히 흥미롭습니다. 내가 머리로 이해하려 하는 것을 아이들은 삶에서 본능적으로 체험하고 있음을 느끼게 되기 때문이지요. 여자아이들의 세계에 관한 책이나 글을 읽고 토론하는 것도 도움이 되지만 그것만으로는 채워지지 않는 부분이 있지요. '우리들의 대화'라는 프로그램은 이러한 구멍을 메우기 위해 시작되었습니다. '思考뭉치'라는 또래 상담 동아리 학생들이 메인이고요. 매주 모여 건강한 친구 관계와 관계적 폭력을 주로 다루었어요. 2015년부터는 여학생부서에서 전교생 프로그램으로 확대하였습니다. 현재는 차밍클래스 등의 소규모그룹 모임으로 진화하면서 점차 학교의 공식 프로그램으로 자리 잡았지요.

'우리들의 대화'로 아이들과 처음 마주할 때 다음과 같은 질문으로 시작하곤 합니다.

"신체적이고 직접적인 괴롭힘은 아닌데 마음의 상처가 크고 눈에 잘 보이지 않기 때문에 설명하기가 어려워요. 그렇다고 무시하기는 더욱 어렵지요. 마음의 상처가 너무 크거든요."

이어 중학교 때 제 경험으로 이야기를 시작합니다. 아이들은 진솔하게 들려주는 나의 이야기에 동질감을 느끼는지 마음을 쉽게 열더군요. 교실이 쥐 죽은 듯이 조용해졌습니다. "여러분은 이런 경험 없나요?" 아이들 입이 그제야 열립니다.

"비열하고 치사한 아이들이 있어요. 친구들의 약점을 캐서 소문을 내요."
"초등학교 때 선생님과 비슷한 일이 있었어요. 단짝이 있었는데 늘 함께 다녔어요. 단짝이랑 같이 가려고 기다렸는데, 걔가 다른 애랑 가버린 거예요. 말도 없이요. 내가 기다리는 걸 알았으면서도."
"패 지어 다니면서 자기들 편만 드는 거요."
"무시하는 거요. 없는 사람 취급이요."
"뒷담화요. 뒤에서 속닥거리는 거요."
"뒤에서 조종해요."
"걸핏하면 삐져요."
"비밀스러워요."
"왜 화를 내는지 그 이유를 모르겠어요."

"한꺼번에 몰려와서 사과를 하라는데, 사과를 해도 풀어주지 않아요."

"화해를 잘 못하는 거 같아요."

어떤 아이는 숨을 들이마시며 이렇게 말했어요. "마음을 송곳으로 찔러요." 그러곤 이렇게 덧붙였습니다. "남자애들은 오늘 죽을 것처럼 싸워요. 그런데 싸우고 나면 그걸로 끝이어서 정신적으로는 더 좋겠다는 생각이 들어요."

아이들의 대답을 듣고 있자니, 남자아이들과 여자아이들의 싸우는 방식이 확실히 다르다는 생각이 듭니다.

오전 수업 시간 중 윤택이가 앞자리에 앉아 있는 승환이의 머리에 지우갯가루를 뿌린다. 나중에 알게 된 승환이는 누가 이런 짓을 했는지 알아내려고 주위를 두리번거린다. 그때 누군가가 윤택이를 손가락으로 가리킨다. 승환이는 윤택이에게 달려들어 멱살을 잡고 세게 때린다. 수업을 하고 있던 선생님은 우당탕 하는 소리에 놀라서 달려와 바닥을 뒹굴며 싸우는 두 아이를 뜯어말린 후 학생부장에게 보낸다. 하지만 하루가 지나자 윤택이와 승환이는 전보다 더 친한 친구가 되어 언제 싸웠냐는 듯 함께 앉아 점심을 먹고 농구를 한다.

남학생 대부분은 격렬한 대응으로 이어지는 도발로 싸움을 알리 곤 해요. 그리고 싸움을 말리고 야단치던 사람이 무색하게 곧이어 화해가 이루어지죠. 이것이 그동안 경험으로 알고 있는 남자아이 들의 일반적인 공격 매커니즘입니다. 남학생 간 싸움은 상당히 직 접적인 동시에 화해도 빨라요. 이런 매커니즘이 여학생들 사이에는 거의 통하지 않는다고 보는 게 맞을 겁니다. 여자아이들은 꽃이 향 기를 뿜어내듯 은근한 방식으로 공격성을 발현해요. 그녀들의 싸움 은 직접적이고 신체적인 대응보다는 다른 형태의 비신체적인 공격 형태를 보입니다. 여기서 주목할 것은 그들 사이에서 형성되는 긴 장 상태 자체가 공격이라는 거예요. 이러한 긴장 상태는 여러 주 또 는 여러 달에 걸쳐 조용히 매우 교묘하게 형성됩니다. 당사자조차 도 그런 긴장 상태가 왜 일어났고, 어떻게 시작되었는지 알지 못할 때가 있어요. 다음의 이야기는 여자아이들의 싸움이 얼마나 어려운 상황에서 벌어지는지 보여줍니다.

[세나의 낙서]

* 며칠 전부터 일어나고 있는 일들이 무엇 때문인지 도통 알 수가 없다. 다 같이 친했던 친구들인데 어느 순간부터 눈을 돌리고 자기들끼리만 어울리면서 힐끗힐끗 쳐다본다. 자기들끼리 속닥거리다가 내가 가까 이 가면 딴청을 피우고, 화장실에 같이 가자고 하면 못 들은 척한다. 나 는 이제 여기에 낄 자격이 없다는 듯 행동하며 투명 인간이 된 것처럼

대한다.

* 은진이와 복도에서 마주쳤을 때, "안녕" 하고 인사했는데도 은진이가 못 본 척했다.

* 수진이가 점심시간에 나하고 앉지 않고 은진이하고 앉았다. 수진이는 은진이가 나를 미워한다는 것을 알고 있다. 수진이가 왜 그랬을까?

* 내가 사회시간에 발표하는데 마치 내가 엉뚱한 말이라도 한 것처럼 은진이가 한숨을 쉬었다. 은진이의 한숨이 싫다.

아이들의 세계에서 벌어지는 소리 없고 보이지 않는 신경전이 보이시나요? 마침내 우정이 완전히 끊어질 때까지 은밀하게 잠식해 들어가기도 해요. 결과는 치명적이죠. 쓰라린 상실감과 수치심, 등을 찌르는 소문들, 신뢰의 배반, 그룹에서의 갑작스런 추락 등은 아이들에게 좌절감을 안겨줍니다. 지금까지 타고 있던 보트에서 바다로 던져진 것과 같다고 아이들은 종종 이야기해요. 가까스로 보트 안에 다시 끼어들어 '휴우' 하며 안도할 때도 있어요. 친구나 그룹이 자신에게 준 상처에 대해서는 속으로 꿀꺽 삼키면서요. 깨진 그들은 각자 베스트 프렌드를 새로 정하기도 해요. 이때 새 친구와 함께 예전의 친했던 친구에 맞서는 구도를 취하기도 하죠.

앞서 등장한 주희, 애나, 민아의 이야기를 좀더 해보죠. 주희는 이유는 모른 채로 친했던 두 아이와 멀어지게 되었어요. 주희 면담 이후 셋을 지켜보았지만 별다른 문제가 없어 보였습니다. 무언가 잘

못되었음을 알게 된 것은 한 달 정도 지난 어느 날입니다. 주희는 평소 건강하고 유쾌한 아이였는데 어느 순간 아프다면서 보건실을 자주 찾고 점심시간에도 급식소에 가지 않고 책상에 엎드려 있는 날이 많아졌습니다. 수업 시간에는 아무 일도 없다는 듯이 집중하는 모습이었지만 무언가 큰 변화가 있는 것은 틀림없습니다. 그러고 보니 지각도 늘었네요. 주희 어머니는 안 그러던 아이가 중학교 가더니 늦잠을 자고 자꾸 꾸물거린다면서 게을러졌다고 한탄합니다. 오늘 아침에도 자기가 심하게 화를 냈다면서 학교에서는 괜찮은 건지, 중2병이 벌써 온 건지 도통 알 수가 없다면서 속상해합니다. 보건 선생님과 사서 선생님도 요즘 주희에게 무슨 일이 있는지 묻습니다. 평소에는 도서관에 친구들과 가끔 오는 학생인데, 요즘은 아침에 등교하면서 가방 멘 채 도서관으로 온다고요. 종이 친 후 천천히 나가고 어제는 쉬는 시간에도 왔다면서 걱정합니다. 갑자기 모든 상황이 동시에 안 좋아진 것 같네요.

이 상황을 수습하기 위해 아이들에게 뭐가 서운하고 왜 서로 따돌리는지 따로 불러서 꼬치꼬치 물어보았어요. 집단 대화도 시도해 보았지만 갈등의 시초를 알아내지는 못했습니다. 아이들이 일부러 말을 안 하는 것이 아니라 처음의 그 일은 이미 희미해져서 기억에 남아 있지도 않은 것 같습니다. 애나와 민아는 애초 속상한 일을 당한 건 자기들이라며 억울해합니다. 친구를 욕한 것도 아니고 때린 것도 아닌데 무엇이 잘못이냐며 뚱한 표정입니다. 그도 그럴 것이 아이들은 그저 친한 친구와 떠들며 놀고, 같이 밥 먹고 벤치에 앉아 이야기하며 잘 지내는 것처럼 보입니다. 피해자는 있는데 가해자가 없습니다. 그동안 아이들 사이에 문제가 생길 때마다 상황을 논리적으로 분석해서 해결책을 제시해주는 것이 나의 방식이었는데, 이런 상황에선 그런 게 통하지 않습니다. 그런 채로 방학을 맞이했습니다.

Honey Tip

구체적으로 설명하기
· 아이가 잘못한 행동을 구체적으로 설명합니다.
· 교사로서 중시하는 도덕적 기준과 배치되는 것이 무엇인지 구체적으로 설명합니다.
· 잘못된 행동에 대한 책임에 대해 얘기합니다. 즉 권리를 얼마나 제한할지 구체적으로 설명합니다.
· 비상구를 알려줍니다. 즉 수정행동을 할 수 있는 방법을 구체적으로 설명합니다.

수면 위로 올리기

여학생들을 보면서 내 마음에 이런 질문이 자주 일어났습니다.

나는 왜 그런 조짐을 보지 못했을까?
두 번째 갈등 상황은 보면서 그 갈등을 일으킨 첫 번째 원인 행동은 어째서 보지 못한 걸까?
왜 늘 아이들이 복수하는 상황에서야 문제를 보게 될까?

교실에서 아이들을 지도하면서 주로 예방적 관점에 중점을 두었습니다. 하인리히 법칙에 대해 알고부터 더욱 신경을 쓰게 되었죠. 하인리히 법칙은 큰 사고가 일어나기 전에 반드시 유사한 작은 사고와 사전 징후가 선행한다는 경험적인 법칙이잖아요. 큰 사고가 있기 전에 평균적으로 29번의 작은 사고와 300번의 잠재적 징후들이 나타난다고 하는데요. 어린왕자가 분화구를 청소하고 바오밥나무의 뿌리를 잘라준 것처럼요. 교실 안에서 일어날 수 있는 사고를 미리미리 예방하는 활동을 하려 애썼습니다. 그러고 보니 어린왕자는 하루도 빠지지 않고 매일 그 일을 했네요. 작지만 소중하고 아름다운 자기의 행성을 지키기 위해서요. 교사라면 누구나 그렇듯 저도 안전하고 평화로운 교실을 만들고 싶은 바람이 있습니다. 그래서 매년 3월이 되면 올해는 제발 아무 일 없이 지나가기를 기원하며 아이들을 하나하나 관찰합니다. 어떤 아이가 눈에 띄면 '혹시 저 아이가 올해의 인물일까?' 하는 걱정이 앞섭니다. 학기 초의 '미리 걱정'을 없애기 위해 개학 전부터 분주히 교육 자료를 만들고 3월 한 달간 집중하여 교육했습니다. 아이들 자신이 의도했건, 그렇지 않건 간에 자신의 행동이 어떤 결과를 가져오는지 알려주고 스스로 관리하는 힘을 기르도록 하는 것도 잊지 않았죠. 교실 벽에 게시한 자료에서 시작한 교육이 차츰 공감을 얻었습니다.

그런데 이러한 의욕적인 활동과 잘하고 있다는 자기효능감은 여학생들을 보면서 차츰차츰 무너지기 시작했어요. 아이들 마음을 읽을 수 없다는 좌절감과 불안감이 커져만 갔습니다. 이러한 감정이 커질수록 아이들을 바라보는 제 눈이 더욱 가려지는 것 같았지요. 또래 그룹의 겉모습 뒤에 도사린 문제의 신호가 보이기는 합니다. 그런데 이를 눈여겨보아야 하는 건지 무시해야 하는 건지 판단하기가 어려웠어요. 한 아이가 힘들어하는 게 분명한데 어떤 도움을 줘야 할지 답을 찾을 수가 없었습니다.

이러한 고민이 깊어가던 어느 날 우연히 퇴근길에 우리 반 중학교 2학년 친한 친구 세 명이 모여 있었어요. 한 명이 인상을 찡그리고 신경질을 부리는 모습이 보입니다. "왜 그러니?" 하고 묻자 한 아이가 "얘네 둘이 얘기하다가 내가 다가가면 입을 닫아요."라고 불평합니다. 나머지 둘은 난감하다는 표정을 지으며 말합니다. "이건 우리 둘의 문제예요. 둘만 말하고 싶은 게 있을 수 있잖아요."

맞는 말이지, 상대의 감정을 상하지 않게 하면서 '넌 좀 빠져주겠니'라고 말하는 건 쉽지 않지.

자기를 대화에 끼워주지 않았다고 신경질을 부리는 한 아이에게 사람들끼리는 비밀이 있고, 그것을 지킬 권리가 있다는 것을 이해시키려고 애썼습니다. 아이들 사이에서의 공격이 얼마나 미묘한지 아직도 실감하지 못한 상태였죠. 그래도 처음에 했던 말, "셋이 친하잖아. 잘 좀 지내." 하던 것보다는 나아졌다고 스스로를 위로했습니다. 그때로 다시 돌아간다면 이렇게 말해주겠습니다. "두 사람이 비밀을 나누는 것은 소중해. 존중한다. 그러나 비밀을 나눈다는 사실 자체를 제3자가 눈치 채도록 굳이 드러낼 필요가 있는 걸까?"

아이들의 두 번째 갈등 상황을 보기 전에 갈등을 일으킨 첫 번째 원인 행동을 볼 수는 없는 걸까요? 그랬다면 두 번째 상황을 예방할 수도 있었을지 모릅니다. 문제의 조짐을 볼 수 있다면 좀더 나은 방법으로 아이들의 갈등 상황에 개입할 수 있을 텐데요. 우선 아이들 사이에서 발생하는 다양한 형태의 공격적 행동을 기록하는 것으로 시작하겠습니다. 아이들 스스로 혼란스럽지 않도록, 덜 자극적으로 전달되어 학부모도 편하게 언급할 수 있도록, 다툼의 순간을 잘 포착하여 설명할 수 있는 중립적 언어로 드러날 거예요.

일상에서 벌어지는 관계적 폭력의 유형에 대한 아이들의 의견을 모두 칠판에 적습니다. 질문에 적극적으로 대답하는 남자아이들도 가끔 눈에 보이네요. 관계적 폭력에 대한 관심이 여학생들로부터 시작되었지만 남자아이들도 그러한 상황에 놓이기도 합니다. 남자아이들이 관계적 폭력에 가담하면서 갈등을 간접적으로 다루는 양상에 대한 공론화도 필요합니다. 아이들이 이야기한 관계적 폭력의 유형은 매우 많고 다양했어요.

관계적 폭력은 서로의 관계나 소속감, 수용, 우정 등을 훼손하여 감정에 상처를 주는 행위입니다. 관계적 폭력은 가깝고 절친한 사이에서 우정을 무기로 사용하기 때문에 상처가 깊습니다. 이것이 교실에서 관계적 폭력을 꼭 다루는 이유입니다. "선생님은 여러분에게 친절하고 좋은 선생님이 되도록 노력할 겁니다. 그러나 선생님이 엄격하고 단호해지는 순간이 있습니다. 여러분 스스로 생명의 위협을 가하는 행동을 할 때입니다. 지금 칠판에 적은 여러분의 이야기처럼 생명의 위협은 신체적인 폭력에서만 일어나는 것이 아닙니다. 의도적으로 관계를 훼손하는 일은 눈에 보이지는 않고 신체적 괴롭힘은 아니지만 신체적 폭력 못지않게 생명에 위협을 가할수 있습니다. 따라서 선생님은 관계적 폭력도 신체적 폭력과 똑같이 다룰 겁니다."

Honey Tip

관계적 폭력 양상들!

농담이야	망신 주기
험담하기	뒷담화하기, 없는 말 지어내기
소문내기	상대방의 약점 캐내서 떠벌리기, 나쁜 평판 만들기
동맹 결성하기	무리 지어 다니면서 편들기, 따 만들기
비언어적 제스처	벌레 보듯 째려보기, 뚫어지게 보다 '씩' 웃고 지나가기
무시하기	말 끊기, 불러도 대답 안 하기, 투명인간 취급하기, 모르는 척하기, 말 걸지 않기, 끼워주지 않기, 눈길 피하기
비열한 행동	귓속말하기, 실수인 척 툭 치기, 보는 앞에서 욕하기, 당황스럽게 때리기, 쪽지 돌리기
기타	배신하기, 둘 사이 갈라놓기, 중재자 되기

공격의 보호막 '농담이야'

유머만큼 사람 사이에 윤활유가 되어주는 것도 없다고 생각합니다. 좋은 유머는 편한 친구 사이의 우정을 견고히 해줍니다. 이러한 의도로 서로 놀리고 장난치고 농담하는 것은 자연스럽습니다. 개인적인 성장으로나 친구 관계에서도 농담은 중요하지요. 재미를 준다는 점에서 더 그렇고요. 하지만 아이들은 유머를 또 다른 목적으로 사용하기도 합니다.

중학교 3학년 태희가 이렇게 말했습니다. "농담은 무언가를 사실대로 말하기 싫을 때 말하지 못하는 것을 말하는 거예요. 장난이 진실인 걸 둘 다 확실히 알아야 해요. 아니면 유머가 아니고 장난도 아니에요. 그냥 상처 주기 위해 위장하는 거예요."

태희의 말 덕분에 아이들이 서로를 놀리다 심각해지는 상황을 더 이해하게 되었어요. 태희는 다른 아이를 놀리는 데 능숙한 아이들이 상대방을 어떻게 기분 나쁘게 하는지도 간단히 말해주었어요. "수업 시간에도 그러는 아이들이 있어요. 내가 하지도 않았고 전혀 상관이 없는 순간에도 '태희요. 태희래요.' 하고 큰 소리로 말해요. 선생님이 주목할 때도 있고 그냥 넘어갈 때도 있는데, 아무튼 공개적으로 망신 주는 거예요."

이런 아이들은 놀리다가 더이상 말하면 안 되겠다 싶은 아슬아슬한 순간을 잘 포착하는 것 같네요. 태희는 농담이 전부 자신에게 쏠리는 순간이 제일 싫다면서 그러지 말라고 말하고 싶다고 합니다. 그러나 '호들갑 떠네, 쟤는 너무 예민해. 매번 저런다니까'라고 되치는 걸 알기 때문에 말해도 소용없다며 한숨을 쉽니다. "그런 말을 들으면 가시에·찔린 것처럼 너무 아파요."

그러고 보면 교실에서 이런 모욕의 순간이 종종 있었어요. 수업시간 중에도 어떤 아이가 표적이 되고 그 아이의 희생으로 유쾌하게 한번 웃게 되는 그런 경우죠. 하지만 표적이 된 그 아이는 결코 유쾌하지 않을 겁니다. 나도 거기에 동조한 것은 아닌지 성찰해봅니다. 더 좋지 않은 것은 그런 조롱을 참고 견디거나 아니면 친구를 잃거나 둘 중 하나를 선택할 수밖에 없다고 느끼는 거예요. 태희도 그런 경험이 있습니다. "한번은 못 참고 폭발한 적이 있었는데, 친구들이 진정하라고 말하면서 그렇게 예민하게 굴면 같이 다닐 수 없다고 했어요. 그래서 다시 매달렸는데 그게 정말 싫었어요."

가까운 사이에서 위장된 행동으로 친구를 괴롭히며 같이 놀 수 없다고 위협하는 일이 교실 안에서 자주 일어나고 있습니다. 이것을 선생님이 알고 모르고는 정말 중요해요. 아는 것이 출발점이 될 수 있으니까요. 그런 일을 막으려면 먼저 아이들이 좋은 장난과 나쁜 장난을 구분할 수 있어야 하죠. 상대를 기분 나쁘게 하려는 의도가 전혀 없는, 친구 사이의 윤활유가 되어주는 좋은 장난인지, 아니면 친구를 깔아뭉개고 감정의 상처를 주는 나쁜 장난인지를 구분하는 것은 매우 중요합니다. 이 구분은 상대가 절대로 놀림을 받고 싶지 않은 것이 무엇인지 정확히 알고 있을 때 가능합니다.

'장난이야', '농담이야'뿐만 아니라 '기분 나쁘게 하려는 건 아니야'라는 말도 상당히 조종하는 말이 될 수 있어요. 놀리거나 무시하는 말을 하고 나서 바로 '기분 나쁘게 하려는 건 아니었다'고 함으로써 상대는 마음에 상처를 입지만 화를 내지는 못하는 상황으로 만들죠. '기분 나쁘게 하려는 의도가 아니었다'는 말이 비열한 행동에 대한 책임을 회피시켜주기 때문입니다. 짓궂은 말에 상대가 화를 낸다면 농담이야라며 별것 아닌 걸로 화를 낸다고 퉁박을 주거나 '그만 징징거려, 우리는 그저 농담한 건데 그렇게 과장해서 생각하면 같이 놀겠냐'는 등 상처받고 화를 내는 아이를 조롱을 받고 무시를 당해도 되는 상황으로 순식간에 틀어버리죠. 희민이는 '기분 나쁘게 하려는 건 아니'라거나 그 비슷한 말을 하는 이유는 자신이 잘못한 것을 수습하고 싶어서라고 설명합니다. 상황이 어떻든 놀림을 받는 쪽이 지는 것처럼 보여지네요. 더 심한 경우는 친구 그룹 내에서 자신의 위치를 잃지 않기 위해 태희처럼 "미안해, 내가 잘못했어."라며 먼저 사과하거나 놀림을 참고 매달리는 경우입니다. 자신을 비참하게 만드는 친구인 척 위장하는 아이들에게 대항하지 못하는 스스로에게 더 화가 난 상태로 말이에요. 얼마 전 유행했던 왕따 몰카 놀이도 장난의 가면을 쓴 따돌림 현상입니다. 따돌림을 주도해놓고 어리둥절해 있는 피해 아이에게 '왕따몰카였지~' 하면서 상황을 모면하는 겁니다. 당한 아이는 또 그럴까 불안하고, 이래도 되는지 혼란스럽습니다.

　아이들은 비열한 행동의 피해자이거나 그런 상황을 보면서도 서로 눈치를 보면서 바로잡는 것을 두려워합니다. 선생님에게 털어놓음으로써 '우리에게 약간의 문제가 있어요. 하지만 우리가 해결할 수 있어요'라며 말로 덮으려 하는 아이들과 맞서게 될 수 있기 때문이지요. 한 아이가 용기 내어 자기들끼리만 아는 어두운 동굴 안에 숨겨져 있는 문제를 손전등으로 비춥니다. 그럴 때 "굳이 안 해도 될 말을 왜 선생님에게 하는 거니?"라며 화를 내는 친구들을 그 아이가 상대하기는 어려울 겁니다. 선생님에게 말했다고 화를 내며 씩씩대는 아이에게 저는 이렇게 말해줍니다. "네가 지금 곤란한 상황에 처한 이유가 뭘까? 아이들이 너에 대해 선생님에게 말했기 때문이라고 생각하니? 그렇다면 정말 잘못 생각하고 있는 거야. 너는 친하다고 하면서 안 보이는 곳에서는 그 아이를 험담하고 보이는 곳에서는 그 아이가 싫어하는 것을 뻔히 알면서도 장난인 척 놀린 너의 행동으로 곤란해진 거야." 선생님은 용기를 내서 말을 해준 아이에게 더 관심을 가져주어야 합니다. 그런 친구는 무시하라거나 너는 그 아이들하고는 다르니 좋은 친구가 어떤 건지 보여주라고 하거나 '걔네가 너를 질투해서 그런다'며 '그런 친구는 없는 게 낫다'라는 말로 실망시켜서는 안 됩니다. 대신 이렇게 말해줍니다. "정말 어려운 상황이구나. 용기내서 말해줘서 고맙다. 선생님이 열심히 도울게. 네가 현명하게 그 일을 잘 처리할 수 있도록 옆에서

도와줄게."

아이가 '선생님, 이건 비밀이에요. 절대 다른 애나 다른 선생님이나 엄마에게 말하지 말아주세요.'라고 말한다면 어떻게 해야 할까요? 처음에는 그 말에 비밀을 지켜주기로 약속을 해주었습니다. 일단 아이가 솔직하게 말하게 하는 것이 우선이라고 생각했으니까요. 하지만 지금은 이렇게 말합니다. "선생님은 네가 그렇게 말하는 마음을 이해하고 그 약속을 하고 싶어. 그러나 앞으로 네가 이것보다 더 큰 문제를 말할 수도 있고 그 문제는 나도 감당하기 어려운 것일 수 있어. 그렇기에 비밀을 지켜주겠다고 약속은 못 해. 그러나 확실하게 약속할 수 있는 것은 우리에게 다른 사람의 의견이 필요하다고 판단되면 너에게 처음으로 그것을 말할 거야. 가장 도움이 되는 사람을 선택할 때도 물론 너의 도움을 받을 거고."

아이를 도우려면 아이에게 끌려다니지 않을 확실한 기준이 있어야 합니다. 아이에게 결정권을 넘기고 우왕좌왕하다 보면 문제는 더 깊은 수렁으로 빠지고 관계도 나빠집니다. 결국 교실 안에서 일어나는 일들의 궁극적인 책임은 선생님에게 있습니다. 선생님이 아이들의 솔직함을 원한다면 그저 아이들이 자신들의 문제를 스스로 해결하고 있다는 작지만 중요한 장치들을 과정에 포함하면 됩니다. 아이들은 존중받고 있다고 느끼고 선생님을 신뢰하게 될 것입니다.

좋은 장난 vs 나쁜 장난

	좋은 장난	나쁜 장난
·장난치는 사람에 대한 전체적인 느낌	ㄱㅊㅇ 느낌이 든다	ㅂㅇ 하다는 느낌이 든다
·장난치는 사람의 의도에 대한 느낌	나를 ㅂㅂ 로 만들 것 같은 느낌이 들지 않는다	나를 ㅂㅂ 로 만들 것 같 은 느낌이 든다
·장난치는 사람에 대한 통제권	내가 그것이 싫으면 나는 그것을 싫다고 말할 수 있고, ㅈㅈ시킬 수 있다	내가 그것이 싫으면 나는 그것을 싫다고 말할 수 없고, ㅈㅈ시킬 수 없다

이간질 메커니즘

가장 좋은 문제해결의 방법은 아이들이 자신의 경험과 주위에서 벌어지는 상황을 솔직하게 드러내어 인식하게 하는 거예요. 아이들은 스스로 자신들의 행태를 수면 위로 올리고 토론하는 것을 재미있어 합니다. '이런 경우 누구의 잘못일까요? 어떻게 해결해야 할까요?'를 과제로 제시한 다음 날은 교실이 술렁입니다. 대부분의 아이는 조용히 무언가 알고 있다는 표정을 짓습니다. 자기가 지난번에 당한 일이 분해서 '이불킥' 하느라 잠을 못 잤다면서 아직 흥

이런 경우, 누가 잘못한 것일까요?
어떻게 해결해야 할까요?

- B와 A는 초등학교 때부터 같은 반 친구로 친하게 지내왔다. B와 A가 대화 중, B가 A에게 "있잖아, C 말이야. 하는 짓이 꼭 꽃뱀이야."라고 말했다. 이유는 C가 남학생들과 말할 때 목소리가 높아지고, 몸을 남자애한테 기대려고 하는 거로 봐서 끼를 부린다는 것이다.

- A가 이 말을 한참 후에 다른 친구에게 'B가 C보고 꽃뱀 같다고 했어.'라고 하는 말을 주고받는 것을 또 다른 친구가 우연히 들은 후 C에게 'B가 너 꽃뱀이라고 했다'고 전해준다.

- B는 기억을 못 한다고 부인하고 C는 계속 '거짓말을 한다'고 B에게 욕설을 퍼붓는다. 그러자 B는 "내가 했다면 미안해." 하고 사과를 했으나 C는 "치, 지가 했으면서 했다면, 이라고? 웃기고 있네." 하면서 사과를 받아줄 수 없다고 하였다.

- 다음날 학교에 가니까 C가 반 아이들에게 B가 자기보고 꽃뱀이라고 했다고 소문을 내고 수업시간에도 들리게 계속해서 욕설을 퍼붓고, 여럿이 무시하는 발언을 하고 같은 반 남학생조차 '연기하지 말라'고 하니까 B는 견디지 못하고 선생님께 말씀드리고 조퇴했다.

- B는 반을 바꾸고 싶고 다음 해에는 전학을 가고 싶다고 한다. 아이들이 무섭고 뒤에서 욕하는 것이 신경이 쓰여 공부를 할 수가 없다면서 말이다.

- B는 오늘도 학교에 가지 못했다.(참고로 B는 초등학교 때도 반 친구들에게 시달림을 받아서 상처가 있는 아이다.)

분이 가시지 않은 얼굴로 계속 말하고 싶어 하는 아이들도 있어요. 한 아이는 "이건 아니지. 얘가 애초에 그러는 게 아니지."라며 자신의 의견과 다른 아이들에게 그림까지 그려가면서 설명합니다. 이는 아이들 입에 하루 내내 오르내립니다.

이렇게 해결 과제로 발표하고 토론하는 것으로 수업 시간 전부를 할애합니다. 어떤 반은 A(전달이)가 더 잘못했다고 하고, 또 어느 경우에는 B(뒷담이)가 그렇다고도 합니다. 많지는 않지만 C(열받이)가 가장 잘못했다고 말하는 아이들도 있습니다. "찌질이들의 말에 신경 쓰고 화낸 사람이 제일 찌질해요. 정확하지 않은 사실을 듣고 화내는 것이 가장 큰 잘못이에요." 이런 주장은 대부분의 아이들에게 공감을 받지 못하지만 교육적으로는 큰 의미가 있습니다. 이 세상 '그 누구도 내 허락 없이 나에게 상처를 줄 수 없다'는 명언을 소개하며 상처 받는 것도 자신이 선택할 수 있음을 알려줍니다. 그리고 다 같이 한쪽 손바닥을 들고 '반사'를 외칩니다. 험담은 뒷담하고 전달해서 누군가가 열받는 것이 공식이고 결국은 서로를 이간질합니다. 이 과정에서 B처럼 험담의 가해자 대부분은 험담의 피해자가 되는 등 사회적 위치가 바뀌기도 하죠. 이 메커니즘이 작동하기 위해서는 뒷담이, 전달이, 열받이 역할을 세 명 모두 충실히 해야 합니다. 하나라도 제 역할을 하지 않으면 이간질 매커니즘은 작동하지 않는다는 것을 아이들이 이해한 후에는 C에 주목합니다.

앞서 살펴본 놀림과 더불어 험담은 서로에게 모욕을 주고 그들의 사회적 위치를 공고히 하는 도구 중 하나예요. 험담의 영향력은 기술의 발달과 더불어 점점 커지는 것 같습니다. 아이들은 SNS가 삶에서 매우 유용한 도구가 되기도 하지만 독이 되고 있는 점에 대해 지적합니다. "우리 반은 학기 초에 단톡방을 만들었는데요, 좋은 점보다는 나쁜 점이 더 많아요. 시시때때로 울리는 알람은 정말 공해예요. 글을 올리는 애들은 정해져 있고, 필요한 내용을 올리는 것도 아니어서 금방 확인하지 않을 때가 많아요. 조금 후에 보면 이미 몇백 개가 되어 있는데, 그 숫자가 주는 압박감이 커요. 공부에 방해도 되고요. 아이들끼리 얼굴을 보지 않고 대화하기 때문에 쉽게 감정이 상하기도 하는 것 같아요."

강성호 작가의《플랫폼 경제와 공짜 점심》에 소개된 '1:9:90'법칙을 칠판에 씁니다. 1:9:90'법칙은 온라인상에 등장한 최신 용어로 한 명이 최초의 글을 올리고, 아홉 명이 그 글을 편집하거나 댓글을 달아 반응하고, 아흔 명이 별도의 반응 없이 그 글을 열람하고 그대로 믿어버리게 된다는 내용입니다. 세상과 사람을 이어주는 중요한 역할을 하는 SNS에 예의와 배려의 옷을 입히고 진심을 다하는 노력이 정말 필요합니다. 수업이 10분 남짓 남았을 때, 아이들에게 묻습니다. "하루에 험담하지 않을 수 있다고 보증할 수 있는 시간이 얼마나 될까요?" 그리고 아이들과 험담하지 않기 서약서와 SNS 사용계약서를 작성합니다.

"오늘부터 사흘간 서로에 대해 모함하거나 거짓말하거나 험담하지 않을 것을 다짐합니다."

"이 시각부터 졸업할 때까지 서로 험담을 하지 않을 것과 소문을 퍼뜨리지 않을 것을 다짐합니다."

"내가 SNS를 어떻게 사용하느냐에 따라 나의 가치가 달라질 것입니다. 다음에 제시된 행동들은 내가 추구하는 가치와 정면으로 대치되는 것들입니다. SNS를 통해서 다른 사람을 망신 주거나 비난하는 행위, 다른 사람의 동의를 구하지 않고 그 사람의 아이디를 사용하는 경우, 소문, 괴담 등을 퍼뜨리는 행위."

"만약 내가 위의 이 계약을 위반하는 행동을 한 것이 발견되는 경우 다음과 같은 일이 일어날 것입니다. 첫 번째 위반 시 컴퓨터, 휴대폰과 관련된 권리가 하루 동안 제한됩니다. 두 번째 위반 시 컴퓨터, 휴대전화와 관련된 권리가 사흘간 제한됩니다. 세 번째 위반 시 위반된 사람의 가장 중요한 권리 중 한 가지가 박탈될 것입니다."

"누구나 실수할 수 있지만, 위 내용에 따라 생활하는 것이 매우 중요하다고 나는 생각합니다."

"카톡방 종례는 오후 5시로 하며 이후에는 개별 카톡만 한다. 일주일 중 토, 일요일은 무톡일로 정한다. 사과나 부탁은 SNS로 하지 말고 직접 만나서 한다."

야심찬 서약들이 이어집니다. 아이들이 스스로 작성한 서약을 잘 지킬 것이라 믿고 싶지만 그러긴 어려울 거예요. 그래도 매년 이런 활동을 계속하고 있어요. 아이들에게 스스로를 돌아볼 기회를 주기 위해서죠.

이런 훈련을 통해 아이들은 스스로를 느끼고 좀더 도덕적으로 행동하기 위해 노력할 겁니다. 실제 아이들은 자신들이 했던 대부분 말이 험담이었다는 것을 알고 너무 놀라워합니다. 이때 한 아이가 질문합니다. "제가 어떤 아이가 한 행동으로 화가 났어요. 화가 난 것을 다른 아이에게 말하면 무조건 험담인가요?" 그러자 또 다른 아이도 "실수하지 않기 위해 다른 친구한테 물어볼 수도 있는 거잖아요."라고 덧붙입니다. 맞습니다. 아이들이 조언을 구하거나 피드백을 받기 위해 또래들에게 다가가서 자신의 감정을 말하고 반응을 살피는 행동은 문제 될 것이 없습니다. 그러나 누군가를 모욕하고 고립시킬 목적을 갖고 그 사람에 대한 정보를 퍼뜨리면서 조언을 받는 척하는 것은 비열하고 잘못된 행동입니다. 교실에서 이슈가 되는 문제가 있을 때, 그 이슈를 일으킨 친구에게 악감정이 있어서 망치고 싶고 싫어하도록 극적인 뭔가를 일으키고 싶은 의도에서 시작한다면 그건 험담입니다. 그러나 내가 화난 것을 가라앉히고 좀더 나은 기분으로 전환하고자 한다면 그것은 생각의 환기입니다. 이 둘의 구분은 아이들이 해야 할 것과 해서는 안 되는 것의 기준을 스스로 정하고 행동하게 하는데 도움이 됩니다. 아이들 스스로 정화하고 조절할 수 있는 건강한 환기시스템이 잘 갖추어진 교실을 만들어야 하는 이유입니다.

편 만들기

엉킨 실타래를 풀지 못한 채 힘들어하는 주희, 애나, 민아의 싸움 방식을 지켜보면서 이상한 현상을 발견하였습니다. 아이들은 힘들어하고 있지만 뭔가 특별한 일이 생긴 것처럼 학교생활에 활력이 생겼다는 것을요. 평소보다 수군거림은 많아졌고, 종일 몰려다니며 이야기하는데 하나같이 진지한 표정입니다. '방학이 얼마 안 남아서 아이들이 들뜨는 건가'라고 생각하고 있을 때, 과학 선생님이 오늘따라 유난히 그 반 아이들이 수업 시간에 집중하지 못하고 많이 떠든다고 지적해주셨습니다. 그 말에 정신이 번쩍 들었습니다. 이번 주 들어 교과 선생님들이 우리 반 분위기에 대해 걱정하는 말을 들은 것이 벌써 두 번째였거든요. 상황을 좀 아는 옆 반 담임선생님에게 하소연했어요. 뚜렷한 단서는 없지만 아이들의 위험한 삼각관계에서 발생한 화재가 산등성이를 타고 번져가는 것이 그려진다고요. 결론이 내려졌습니다. 당장 소화기를 찾아서 진화하고 싶은 마음이 듭니다. 교실에 들어서는데 보현이가 상담을 요청합니다.

보현이는 학기 초에 전학을 왔지만 원래 여기 있었던 것처럼 학교생활에 잘 적응하고 있는 아이입니다. 보현이가 들려준 이야기는 그동안 안개에 가려져 뭔지 모르지만 '이상하다'는 말로 표현되던 교실 안 역동을 선명하게 드러냈습니다. 그동안 있었던 아이들 사이의 따돌림 현상을 재구성해보면 이렇습니다.

주희는 자기도 모르는 사이에 애나를 화나게 했다. 화의 이유는 주희의 작은 실수였는데 여느 때처럼 애나는 서로 기분이 나빠지는 걸 피하기 위해 참고 넘어갔다. 문제는 비슷한 일이 한 번 더 일어났다는 것이다. 초등학교 때부터 친구여서 지금까지 참고 지내왔는데 중학교에 와서도 눈치 없이 계속하는 행동에 서운해지고 속을 끓이다가 민아에게 속상함을 털어놓는다. 다음 날, 주희가 아침 등굣길에 만난 민아에게 인사하자 민아는 주희의 인사를 무시한다. 그리고 민아는 이 상황을 애나에게 전한다. 애나는 민아의 의리 있는 행동에 고마움을 느끼고 은밀한 공감을 나눈다. 아무것도 모르는 주희는 당연히 사과하지 않았고 애나는 주희를 점점 더 무시하게 된다. 인사를 받아주지 않는 것으로 시작한 행동이 보란 듯 귓속말하며 뚫어지게 쳐다보다가 웃는 등 과감해진다. 애나는 거기서 멈추지 않고 다른 아이들에게 초등학교 때 있었던 주희의 과거 사건들을 풀어놓는다. 이런 과감해진 은밀한 행동은 이내 다른 아이들에게까지 확대되고, 주희는 점점 고립된다.

돌이켜 보면 상황이 이쯤 이르렀을 때 무언가가 잘못되었음을 인식하고 수습하려 했던 것 같습니다. 아이들이 갈등을 다루는 모습을 좀더 살펴보죠. 아이들이 일대일로 싸우는 경우는 거의 드물고 항상 다른 친구들이 끼어 있는 걸 보게 됩니다. 둘이 갈등이 생기면 각자 다른 친구를 찾아요. 그 친구들과 서로 친해지면 그들의 문제를 털어놓는 것으로 싸움이 시작되는 겁니다. 그렇게 새로운 우정이 시작되고 동맹 결성이라는 이벤트에 집중하게 되죠. 아이들은 말로 하던 것에서 차츰 Ctrl＋C(복사하기), Ctrl＋V(붙여넣기) 하듯이 확산시킵니다. 싸우는 이유는 몰라도 속닥거리는 틈에 끼어 누군가를 응원하고, 동시에 소속감과 위로를 얻는 것 같습니다. 이제 이해가 됩니다. 아이들에게서 느껴지던 활기의 의미를요. 애나와 민아가 당당한 이유도 알겠습니다. 주희에게 화내는 자신들의 행동이 정당하다는 동의를 이미 얻었기 때문이죠. '도대체 뭐가 문제야. 우리 편이 더 많은데.'

싸움의 실체는 묻히고 동맹관계가 부각됩니다. 이때 어떤 아이는 눈물로 자신이 당하고 있다는 신호를 보냄으로써 기선을 제압하기도 합니다. 보현이는 "아이들은 애나를 안쓰럽게 생각하고 위로했어요. 애나가 먼저 울었거든요. 누구와 싸울 때 애들은 그 일에 대해 잘 모를 때가 많잖아요. 애나가 울자 애들이 다가와서 '무슨 일이야? 왜 그러는데? 누가 그랬어?'라고 위로했어요." 하면서 원래 그렇다는 표정을 짓습니다.

아이들은 더 많은 친구를 자기편으로 만들기 위해 부단히 노력합니다. 그런 과정에서 비밀이 폭로되고 소문이 뒤를 잇습니다. 같이 평가하고 같이 결정 내리는 과정에서 책임은 분산되고요. 그러고 보니 애나는 여자아이들의 다툼 공식을 충실히 따랐네요. 그 공식은 이렇습니다. '화났을 때 화난 상대에게 직접 말하지 않는다. 또 다른 하나는 화가 나는 즉시 지지자를 모은다. 동시에 확실한 지지를 선언하기 전까지는 어떠한 감정도 티내지 않는다.' 애나는 성공했습니다. 불안과 긴장감 속에서 싸움은 길어지고 주희는 오래도록 그 이벤트의 여파를 경험할 테니까요.

끼인 아이

보현이는 그동안 학급에서 있었던 이야기를 차분하게 들려주었습니다. 애초에 주희와 애나가 친했고 민아가 애나 편을 들게 된 것. 아이들에게까지 확산되어 주희가 힘들어진 것 등 상황이 그려지듯 전해옵니다. 그러면서 자신을 '끼인 애'라고 표현합니다. 전학와서 눈치를 볼 때 주희가 먼저 다가와서 친해졌다고 합니다. 자연스럽게 주희와 친하게 지내고 있는 애나도 친구가 되었고, 이후 비슷한 시점에 민아까지도요. 그런데 어느 날부터 애나와 주희의 사이가 틀어졌고, 민아는 애나 편을 들기 시작했어요. 보현이는 모두 친하게 다니고 싶어서 어느 편도 들지 않고 있었습니다. "친한 친구 두 명이 싸우니까 어떻게 해야 할지 정말 난감했어요. 처음에는 주희가 불쌍해서 주희 말을 들어줬죠. 그런데 민아가 그걸 보고 애나에게 속닥거리기 시작했어요. 그런 걸 신경 쓰다 보니 공부에 집중도 안 되고 너무 피곤했어요."

　보현이는 애나와 민아에게 압력을 받은 것 같습니다. 주희를 모른 척하기도 힘들어 보이고요. 양측 모두와 친하니 한쪽 편을 들기 애매하고, 사건에 휘말리는 것도 싫습니다. 보현이가 택한 방법은 둘 사이를 왔다 갔다 하면서 서로 타협할 수 있는 지점을 찾아내려 애쓰는 것이었습니다. "선생님, 그거 아세요? 어제 주희하고 애나하고 화해했어요." 둘이 화해하는 데 보현이의 공이 컸네요. 보현이는 훌륭한 외교관 같았어요. 애초 싸움의 시발점이었던 주희의 실수를 알려주고 애나가 사과를 원하는 것도 전해주면서 극적인 타협을 유도하면서요. 애나는 더이상 선을 넘으면 안 되겠다는 생각을 했고, 보현이가 나서서 해결해주길 바란 거죠. 보현이는 저의 이런 마음을 알아챘는지 그게 다가 아니라는 표정으로 말을 잇습니다. "화해하고 나서는 갑자기 둘 다 저에게 화를 냈어요. 제가 여기 붙었다, 저기 붙었다 하면서 일을 키웠다고요. 저는 시간과 노력을 많이 들여서 도와주려고 그렇게 애를 썼는데…."

　보현이는 처음에는 둘 사이를 자신이 다시 회복시키고 있다는 생각에 마음이 뿌듯하기도 했다고 합니다. 그러나 결과는 자신이 잘못한 사람이 되었다면서 지친 표정으로 머리를 흔듭니다. 그날 보현이에게 어떤 말을 해주었는지는 기억이 나지 않습니다. 그동안 반 전체까지 번졌던 아이들 갈등으로 잠을 못잘 정도로 힘들었다는 것만은 생생해요. 방학 전에 해결되어서 정말 다행이라는 감정이

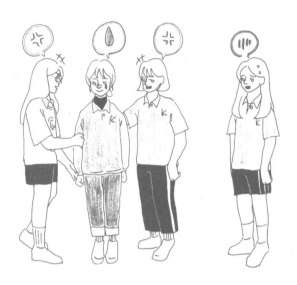

여학생의 다툼 공식

화났을 때 화난 상대에게 직접 말하지 않는다.
또 다른 하나는 화가 나는 즉시 지지자를 모은다.
동시에 확실한 지지를 선언하기 전까지는 어떠한 감정도 티내지 않는다.

© 윤해인(졸업생)

컸던 터라 보현이를 돌보기에 역부족이었죠. 또 다른 기억은 언제 발생했는지도 모르고 분명 존재하지만 보이지 않는 갈등이 교실 안에 일상적으로 존재하고 있다는 두려움입니다. 이것을 다루기가 너무 복잡하고 어려워 안다고 해도 언제, 어떻게 개입해야 할지 모르는 데서 오는 무력감을 안은 채 방학을 맞이했어요.

아이들이 문제가 생겼다며 찾아오거나 이상한 기류를 느낄 때는 가슴부터 답답해집니다. 해답은 아이들에게서 찾아야 합니다. 이때의 경험을 거울삼아 '우리들의 대화' 때마다 싸움의 당사자도 아니면서 관여하는 이유에 대해 아이들에게 묻곤 합니다. 아이들은 이렇게 말합니다. "처음부터 끝까지 지켜보면서 싸움이 어떻게 흘러가는지 알고 있어야 해요."

'그게 왜 중요하지?' 하는 의문이 이는데 한 아이가 이어서 말해줍니다. "그래야 다른 아이들에게 이게 어떤 상황인지 말해줄 수 있어요." 그러면서 중재자가 누구냐에 따라 상처를 봉합하면서 싸움이 빨리 끝날 수도 있고, 더 커질 수도 있음을 설명합니다. "싸우는 아이들 사이에 끼인 애가 예전에 한 아이에게 화나는 일이 있어서 이 기회에 복수하려고 할 수도 있어요."

소은이는 지난번 싸움에서 다은이가 양쪽의 정보를 모두 듣고 결국 자신에게 불리한 소문을 냈다며 비겁하다고 말합니다. 중재자와 문제가 있는 아이는 언제 상황이 변할지 두렵습니다. 아이들이 싸움의 당사자가 아니더라도 현장 언저리에서 벗어나지 못한 채 레이

더를 길게 빼고 있는 이유입니다.

중재자는 이미 싸움의 과정에서 자신이 행한 것들이 싸움이 종결된 후 아이들로부터 심판받을 수도 있다는 것을 경험적으로 알고 있습니다. 우정을 이어줄 수 있다면 훼손할 수도 있는 위치는 아슬아슬하게 공중 줄타기를 하는 느낌입니다. 보현이도 처음에는 탁월한 외교술을 인정받기도 했지만 결과적으로 끝이 좋지 않았던 것처럼요.

여학생들의 갈등 상황에서 종종 등장하는 동맹 결성과 중재자는 싸움을 뒤로 가리기 위한 도구가 아닌가 싶습니다. 아이들은 두 사람 사이에 사소한 문제로 갈등이 생길 때 다양한 간접적인 도구를 사용해요. 자신의 감정을 상하게 한 아이에게 직접 말하는 대신 다른 아이에게 말하고 싶은 강한 유혹을 뿌리치지 못하죠. 자신이 느끼는 화를 드러낸다는 점에서 단기적으로 보면 해결책이 될 수도 있습니다. 그러나 대부분 진짜 문제는 해결되지 못하고 변죽만 울리면서 또 다른 이야기로 재생산됩니다. 아이들의 다툼 방식에는 기본 공식이 있습니다.

1. 세 사람 중 두 사람이 있을 때 그 자리에 있지 않은 친구에 대해 이야기한다.

2. 거기에 한 아이가 소소한 실수를 이어서 한다거나 너무 노력하는 모습을 보이는 등 어떤 식으로든 한쪽을 짜증나게 하면

그 친구는 짜증스런 아이에 대한 불평을 늘어놓기 위해 다른 친구를 찾는다.

3. 두 친구는 짜증스럽게 만드는 그 친구에 대해 서로의 불만을 바탕으로 연합관계를 형성한다.

4. 세 사람으로 구성되었던 한 그룹은 유대가 강한 두 명으로 이루어진 한 그룹과 거기에 속하지 못한 한 사람으로 와해된다.

5. 놀이와 속닥거림으로 위장하여 동맹의 대상을 바꾸고 중재자를 이용한다.

6. 중재자들은 대체로 이러지도 저러지도 못하는 중간의 상황에 불편하게 끼어 있거나 도움이 절실하게 필요한 아이에게 구원의 투수로 등장하며 존재감을 느끼고 싶은 아이들이다.

7. 싸움은 길어지고 싸우게 된 원인도 희미해 질 때쯤 한 명의 주선으로 극적인 화해를 한다.

8. 그러나 이미 공기 중에 뿌려진 갈등은 가스처럼 떠 있다가 언제 어디서 소리 없이 아주 작은 불똥만 튀어도 소리 없이 폭발할지 모른다.

이렇게 보이지 않는 곳에서 우정을 계산하고 협상하는 동안 우정이 타락합니다. 이것을 지켜볼 때마다 저의 마음은 깊은 우물 속으로 가라앉는 듯합니다. 이번에는 얼마나 깊을지, 두레박이 없는 우물가에서 어떤 방법으로 물을 길어야 할지 우물가를 서성이지요.

퇴근해서도 해결되지 않은 일들이 꼬리를 물며 생각을 잡아당깁니다. 가끔 운이 좋을 때가 있습니다. 한두 번의 개입으로 갈등이 해결되거나 다가오는 촉으로 접근한 방법이 통할 때입니다. 이러한 운이 매번 따라온다면 얼마나 좋을까요? 그러나 아이들의 성향이 다르고 역동이 다른 상황에서 매번 그러한 마법을 바랄 수는 없습니다. 매뉴얼대로 한다고 해서 모든 문제가 해결되는 것도 아니고요. 매뉴얼이 도움은 되겠지만 아이들을 포기하지 않고 계속 시도하는 것이 더 중요합니다. 아이들을 들여다볼 수 있느냐에 따라 개입의 성패가 갈립니다.

Honey Tip

농담금지영역 설정하기
• 농담금지영역은 다른 사람입장에서는 즐거울지 모르지만, 당사자인 아이는 그렇지 못한 영역이예요. 서로에게 모욕적인 농담에 선을 긋는 데 쓸 수 있는 '농담금지영역'을 가르쳐 보세요. 하는 방법은 매우 쉽습니다. 누군가 그 선을 넘어서 장난을 한다면 "그건 나의 농담금지영역이야.", 또는 간단하게 "농담금지영역"이라고 말하면 됩니다. 이 말이 나오면 상대방은 진심을 다해 사과해야 해요. 그리고 누군가는 재빨리 화제를 바꿔주세요. 누구에게나 있는 농담금지영역을 존중해주세요. 이것은 "장난이야.", "농담도 못하냐." 라는 말에 대처할 신식 무기라는 거 잊지 마세요.

여학생이 사는 세계 ①

침대와 스마트폰

아이가 아침에 알람을 끄고 반쯤 뜬 눈으로 제일 먼저 하는 일은 무엇일까요? 그건 바로 스마트폰을 살펴보는 것. 밥을 먹으면서도 보고, 학교로 가는 버스에서도 보고, 학교 길 언덕을 내려오면서도 봅니다. 몇 개의 다른 계정을 오가면서요. 저녁이 되면 샤워기를 틀어놓고 변기에 앉은 채로 메시지를 쓰기도 하지요. 아이들은 스마트폰으로 대체 무엇을 할까요? 바로 친구들과 끊임없이 소통하기. 이게 다라면 선생님이 아이들에게 가르칠 것은 '온라인에서 교양 있게 대화하기'일 겁니다. 그러나 스마트폰 속에서 아이들이 하는 것은 친구들과 소통하는 것만이 전부가 아니죠. 아이들에게 SNS는 사회생활 성적표예요. 아이들이 엄청나게 열심히 노력해야 하는 또 하나의 환경인 거죠. 아이들에게는 'SNS에 매달리는 건 아무 의미가 없다'는 어른들의 말 자체가 무의미입니다. 아이들은 처음부터 SNS가 있는 세상을 살았어요. 어른들은 그런 아이들의 세계를 인정하고, 사용하는 방식과 가치 매기는 방식을 비판적으로 바라보도록 계속 대화를 시도해나가야 해요. 아이들은 자신과 타인을 존중하며 온라인 세상을 여행하는 법을 익혀나가면서 점차 균형 잡힌 태도를 형성하게 될 겁니다. 아이들에게 다음과 같이 말해주세요.

'좋아요' 개수는 너의 가치를 평가하는 숫자가 아니야.

'좋아요'가 부족한 사진을 지우고 있니? '새로고침' 버튼도 계속 누르고 있네. 이젠 인스타셰임 속에서 빠져나오자.

너를 증명하지 않아도 돼. 대신 너에 대해 이야기하기 위해 사용해봐.

SNS는 경쟁하기 위한 도구가 아니야.

SNS 외에 위로와 격려를 주고받을 수 있는 곳을 찾아봐.

무대 위와 무대 뒤, 넌 어디서 빛나고 싶니?

 침대는 책상이 아니지만 아이들은 침대 위에서 과제하고, 드라마 보고, 온라인 게시물 올리고, 친구와 수다도 떨어요. 한마디로 멀티 플레이스죠. 그러다 보면 침실이 잠을 자는 곳이라는 인식이 희미해집니다. 게다가 휴대전화에서 뿜어지는 빛은 멜라토닌을 교란시켜요. 침대에 들기 직전에 잠깐 이메일을 봤을 뿐인데 갑자기 에너지가 솟는 느낌, 대부분 경험했을 거예요. 쉽진 않겠지만 학부모와 협력하여 아이들과 함께 다음을 실천해주세요.

• **휴대전화를 침대에서 몰아내자.** 모든 가족이 잠자리에 들기 전 30분 전부터는 디지털 기기 멀리하기. 수면의 원리를 설명하고 숙제는 침대가 아닌 곳을 이용하도록 하기. 아이가 고집한다면 부모님 침대를 이용하도록 하자. 침대는 잠자는 곳이라는 인식

굳히기.

- **멜라토닌이 잘 분비되도록 관리하자.** 과제하기 위해 컴퓨터를 꼭 사용해야 하는 경우 다른 과제보다 먼저 시작하여 초저녁까지는 끝내도록 애쓰기.

- **스마트폰 주차장을 마련하자.** 자는 동안은 가족 모두가 거실이나 안방에서 충전할 수 있도록 약속하기.

- 이미 아이의 침대가 책상이 되었다면, 아이가 침대에서 모든 것을 다 처리하며 수면도 충분히 취한다면 욕심을 내려놓고 우선 그대로 두자. **천천히 해나가자.**

3장

/

위태로운
복잡 관계 그물망

그루핑 타임

아이들이 어느 그룹에 속하는지 자연스럽게 볼 수 있는 시간은 점심시간과 쉬는 시간입니다. 급식실에서 누가 누구와 같이 앉는지 보면 쉽게 알 수 있죠. 쉬는 시간에 누구와 함께 있는지도요. 내가 또래 그룹에 대해 관심을 보이자 어떤 아이는 '선생님이 쉬는 시간에 조금의 관심을 갖고 복도를 걸어 다니기만 해도 누가 친한지, 어느 그룹에 속해 있는지 알 수 있을 것'이라고 말해주네요. 아이들 말대로 천천히 지나가며 스캔해보니 눈에 띄게 무리 지어 다니는 아이들이 보입니다. 대개 서너 그룹 정도네요. 그런 그룹에 끼지 못한 아이가 누구인지도 알겠습니다. 여학생 지도 경력이 많은 여선생님은 급식실에서 식판을 들고 방황하는 아이를 눈여겨보라고 했습니다. 특히 1학년의 경우 초등학교 때는 반 친구들끼리 모여 먹다가 중학교에 와서 자유로운 급식을 접하게 됩니다. 이러한 모습에 어리둥절하면서 방황하는 아이들이 생깁니다. 남자아이들은 누구와 먹든 빨리 먹고 나가서 농구할 생각인 데 반해 여학생은 참 다르지요. 남중일 때는 별로 신경을 쓰지 않았던 부분이었는데 여학생들이 들어오니 이런 것까지 고려해야 한다는 걸 알게 됩니다.

어떤 아이는 같이 밥 먹자는 약속으로 하루를 시작합니다. 급식실에서만이 아니라 교실에서 급식실까지 갈 때, 배식을 기다릴 때도 혼자일 경우에는 무척 힘든 시간이 됩니다. 상담 선생님은 아예 급식실 내 지정좌석제를 제안하기도 했습니다. 실제로 코로나19로 인해 급식소에 지정좌석제를 한 이후, 아이들은 밥 먹을 친구를 찾아 두리번거리지 않아도 되어서 마음이 편해졌다고 이야기하기도 합니다. 다시 자율좌석제로 돌아가게 되더라도 3월 한 달 정도는 학급별로 모여서 식사하며 친밀함을 다지는 것도 괜찮아 보입니다.

3월의 첫 만남을 시작으로 아이들 사이에 활발한 그루핑이 일어납니다. 1학년의 경우는 초등학교 때부터 구성된 그룹이 유지되는 경우가 많아요. 쉬는 시간이면 중학교 오면서 반이 나뉜 친구들과 만나 화장실도 가고 복도에 모여 이야기도 합니다. 그러다 곧 새로운 환경에서 자기들끼리의 경험이 쌓이면서 서서히 그룹이 형성되죠. 관심사가 비슷하고 가깝게 느껴지는 친구들끼리요. 그룹 안에서 아이들은 서로 비밀을 공유하고, 친하게 어울리고, 서로를 향해 웃어주며 도움을 주고받을 거라는 확신 속에 안정감을 갖습니다. 학교생활에서 소속감과 자신감을 느끼게 하는 정서적 지지대이자

울타리가 된다는 점에서 또래그룹은 매우 중요합니다.

그러나 주희, 애나, 민아, 보현이에게서 보듯이 여자아이들의 그룹 형성 방식은 전쟁의 시초를 만들기도 합니다. 두 아이로 시작한 우정은 다른 아이를 자석처럼 끌어당기며 확장하다 다양한 갈등을 만들어냅니다. 학기 초 불안정한 상황에서 탐색기를 거친 후 서서히 그룹을 형성합니다. 그 과정에서 엉킨 실타래를 풀지 못하면 오래 힘들기도 해요. 중간에 끼어 있던 보현이의 주선으로 극적인 화해를 한 주희와 애나도 다른 그룹과 관계하면서 새로운 전환을 맞이합니다. 그런 활발한 상호작용을 거치며 2학기가 되면 또래 그룹의 구성원이 교체되기도 하고 또래 그룹 자체가 없어지기도 하는 걸 지켜볼 수 있어요.

Honey Tip

항상 기억할 것들!

배움은 빌보드차트에 이름을 올리는 것처럼 인기투표가 아니에요.

· 선생님은 아이들의 가장 좋은 친구일 필요는 없답니다. 더 중요한 것은 아이가 해야 할 것과 하지 말아야 할 것이 무엇인지 기준을 정하도록 도와주는 거예요. 아이가 옳은것을 선택할 수 있도록 이끌어주세요. 만약 그 과정에 서 생기는 갈등이 염려된다면 걱정하지 않아도 될 거예요. 그것은 일시적인 것이고 아이가 좀더 성장하면 그 비난은 존경심으로 대체될 테니까요.

관계 맵 그리기

　66명으로 시작한 여학생들은 인원은 적었지만 존재감이 매우 컸습니다. 이 아이들과 1년 동안 생활하며 겪은 시행착오를 돌아보며 다음 해에 여학생부서를 신설하게 되었습니다. 여학생부를 만드는 동시에 선생님들은 그동안 있었던 어느 이슈보다 뜨겁게 다양한 시각으로 토론했어요. 여학생들의 고유한 심리적 기저를 이해하고 남녀를 함께 잘 지도할 방안을 찾으려는 노력이었답니다. 변화된 학교에 적응하기 위한 이러한 노력은 학교를 한 단계 업그레이드시키는 힘이 되었고요. 그때 신설된 여학생부서는 여러 해를 거치며 노하우를 쌓아 지금까지 아이들에게 필요한 도움을 주는 든든한 주요 부서로 자리하고 있습니다.

　어느 날 학생부장과 여학생부장이 '남녀공학이 되니 아이들의 전체적인 교실 역동이 달라지는 것 같다'고 했습니다. 눈에 띄는 학교폭력이 현저히 줄어든 만큼 보이지 않는 괴롭힘이 생기고 아이들이 그룹을 형성하는 모습도 달라졌다고요. 그 말을 듣고 보니 몇 년 사이에 꽤 달라진 학교 분위기를 느낄 수 있습니다.

　'학급의 또래 그룹을 미리 파악해 보는 것은 어떨까?' 하고 생각한 건 남녀공학을 시작하고 2년 정도 지난 후였어요. 66명의 아이가 3학년이 되고, 전 학년 모두 남녀공학이 된 시점이지요. 아이들의 관계가 어떻게 연결되어 있고, 또 어떻게 나뉘어 있을지 궁금해졌습니다. 아이들에게서 관계에 대한 정보를 얻기 위해서는 어떤 질문을 하면 좋을까요? 그때 또래상담자 연수에서 들었던 친구 관계 동심원이 생각났습니다.

'아는이'는 우리 학교에 다니고 있다는 것을 아는 정도를 의미하고, '공일이'는 학급이나 모둠에서 같은 과업을 수행하는 관계, 그리고 '친한이'는 급식을 같이 먹거나 운동을 함께 할 수 있는 사이를 의미합니다. 마지막으로 '끈끈이'는 나의 많은 부분을 알고 힘들 때 말할 수 있으며 자주 연락하는 사이죠. 연수에서 강사님은 남편이 처음에는 끈끈이였는데 지금은 자꾸 공일이가 되어 간다고 말하

여 큰 웃음을 선사한 것도 기억이 나네요.

동심원에서 영감을 얻어 아이들의 또래 관계를 더 깊이 살펴보았습니다. 아이들은 함께 놀고 대화를 나누거나 위로, 걱정 등의 교감을 나누며 지지해주는 정서적 친밀감을 관계에서 제일 중요하게 생각합니다. 그러나 학교라는 공간에서 또래 관계가 정서적 친구 관계만으로 형성되는 것은 아니죠. 정서적 교감을 나누는 친구처럼 친하지는 않더라도 모둠활동이나 학습을 매개로 서로 협력하거나 리더십을 발휘하는 등의 공적 관계로도 충분히 이어질 수 있어요.

학교에서 공적 관계는 두 가지로 구분할 수 있습니다. 하나는 학습영역으로, 함께 공부하며 성적을 올리는 데 도움을 주고받을 수 있어요. 다른 하나는 리더십 영역으로, 학급이나 모둠을 잘 이끌고 개인이나 그룹의 문제가 생겼을 때 잘 해결할 수 있고요. 이러한 공적 관계가 잘 형성된 아이들은 대부분 사회적 평판이 좋은 경향을 보입니다.

따돌림 현상은 정서적 관계뿐만 아니라 공적 관계도 함께 불안정할 때 발생합니다. 지극히 개인적 영역인 정서적 관계가 취약하더라도 공적 관계를 형성하게 되면 따돌림을 예방할 수 있을 겁니다. 특히 교사가 개입하여 관계의 변화를 이끈다는 측면에서 볼 때, 은밀하고 사적 영역인 정서적 관계보다는 공적 관계를 활성화하는 것이 더 유리합니다. 그러므로 교실 안에서 공적 관계를 다양하게 활용하여 아이들의 사회적 지지를 높여줄 방법을 연구해야 합니다.

아이들의 또래 관계를 어른이 개입하여 개선하기란 쉬운 일이 아닙니다. 그러나 아이들이 서로의 장점과 매력을 느낄 기회를 자주 마련해주어 긍정적인 교류를 활성화하는 것이 교사의 역할입니다.

그동안의 생각을 모아서 아이들의 관계도를 파악하기 위한 질문을 정리해보았습니다.

1. 시험이 끝나고 놀이동산에 가려 하는데, 함께 갈 친구는?
2. 파자마 파티를 하려고 하는데, 함께할 친구는?
3. 고민이 있을 때 찾아가서 마음을 터놓을 수 있는 친구는?
4. 다툼이 생기거나 오해가 생겼을 때 해결하기 위해 노력하는 친구는?
5. 학교에 결석했을 때 수업 내용에 대해 물어볼 수 있는 친구는?
6. 모둠활동 수행평가에서 점수를 잘 받는 데 도움이 될 것 같은 친구는?

여학생 13명, 남학생 20명으로 구성된 3학년 학급을 대상으로 아이들이 서로 주고받은 호감과 평판을 선으로 표현하였습니다. 지도를 보면 여학생과 남학생 모두 3개의 그룹으로 이루어져 있고, 혼성으로 구성된 그룹도 2개 있습니다. 이 중에서 남학생 3명으로 구성된 무인도형의 그룹도 포함되어 있네요. 좀더 살펴보면 M 여학생은

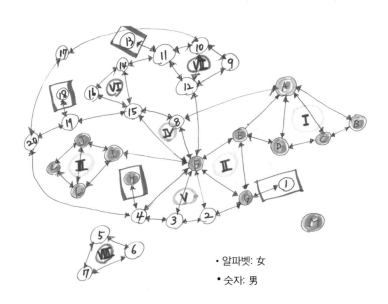

- 알파벳: 女
- 숫자: 男

다른 친구들과 전혀 관계를 맺지 않는 외톨이라는 것을 알 수 있습니다. 1, 13, 18번의 남학생과 H 여학생 4명은 하나의 관계만 형성되어 있어 상대 친구와의 관계 의존도가 매우 높음을 보여줍니다.

대부분은 안정적으로 관계를 맺고 있습니다. 안정적으로 관계를 맺고 있는 아이들 중 몇 명은 그룹과 그룹을 연결하거나 소외된 친구에게 관계를 맺어주는 역할을 하고 있네요. 그리고 F 여학생은 여자와 남자 모두에게서 호감을 많이 받은 학생으로 A 여학생과 인기 경쟁을 벌이는 중입니다. 가장 의외의 인물은 의존도 높은 4명 중 H 여학생입니다. 사실 친구 관계에 어려움이 있다는 것을 눈치 채지 못했습니다.

이렇게 관계 맵을 그려본 것이 학급 아이들의 전체적인 힘의 구조를 파악하는 데 큰 도움이 되었어요. 동시에 개별적인 관계도 한눈에 알 수 있어서 대단한 무기를 손에 넣은 양 든든했습니다. 가장 좋았던 것은 내가 인지하지 못한 사각지대를 파악할 수 있다는 점이었어요. 문제 발생 가능성을 미리 알고 예방할 수 있을 거라는 안도감은 덤이었죠. 그동안은 아이들의 친구 관계 개선을 위해 정서적 친밀감에만 주로 의존했었어요. 공적인 관계를 활용하여 학급 내 전반적인 분위기를 개선하도록 시야를 넓힐 수 있었던 소중한 경험입니다.

그들만의 암묵적 규칙 위반

소율이는 학교에서 보내는 시간 대부분을 교실에서 움직임 없이 조용히 앉아서 책을 읽습니다. 교류하는 친구가 없어 보입니다. 점심시간이 되자 다른 아이들은 빨리 배식받으려고 줄을 서느라 법석인데 소율이만이 태연하게 자리에 있다가 느릿하게 혼자 일어섰습니다. 갑자기 소율이가 신경 쓰이기 시작합니다. 올해의 인물을 발견한 거죠.

3월 초에 아이들에게서 받았던 자기소개서 중 소율이 것을 먼저 찾아 읽었습니다. 아이들의 자기소개서는 간단하지만 유용한 상담 기초 자료가 됩니다. 자기소개서에는 작년에 비해 달라진 점, 올해 나만의 한 단어(one word) 등을 묻고 맨 마지막에 담임에게 하고 싶은 말을 쓰도록 구성합니다. 소율이가 낸 자기소개서에는 이렇게 적혀 있었습니다.

작년에 비해 달라진 점 : 없음
올해 나만의 one word : 허상
담임에게 하고 싶은 말 : 저에게 관심 두지 마세요.

저는 새 학기 첫 면담 대상자를 소율이로 정했습니다. 올해 나만의 one word를 '허상'이라고 쓴 이유는 무엇일까? 단어 선정을 어려위하는 아이들을 위해 예시 자료까지 주었는데도 굳이 '허상'을 쓴 이유가 궁금했습니다. 소율이가 작년부터 친구 관계로 힘들어한 것은 당시 담임선생님을 통해 어렴풋이 알고 있었어요. 구체적인 내용이 궁금해졌습니다. 소율이는 면담 내내 질문하는 것에 속 시원하게 대답하지 않고 뜸을 들였습니다. 답답하기도 했지만 나와 눈을 마주치지 않아 대화가 더 힘들었습니다. 첫 면담은 별 소득 없이 끝났습니다. 당시 우리 반은 점심시간에 걷기 운동을 하곤 했는데 일부러 소율이와 짝이 되어 운동장 트랙을 나란히 걸었습니다. 이런저런 이야기도 나누고 누가 빨리 걷는지 경보 경기도 하면서 친해졌지요. 두 번째 만남에서는 어색함을 지우고 미소도 지어 보였습니다.

소율이에게 지난해인 2학년 생활에 대해 질문을 했습니다. 소율이는 잠시 생각하더니 1학년 때 이야기를 꺼냈습니다. "1학년 동안은 대체로 마음이 편했어요. 초등학교에서 알고 지내던 친구와 같은 반이 되었거든요. 그 친구는 나한테 잘해줬고 다른 아이들과도 잘 지냈어요. 2학년이 되면서 그 친구와 반이 갈렸어요. 1학년 때 아이들과 잘 지냈기 때문에 새로운 아이들도 저를 좋아할 줄 알았어요. 그런데 나를 좋아한 것이 아니라 그 친구가 좋아서 저까지 좋아해준 거였어요. 그것도 모르고 안이하게 있다가 어디에 끼지 못하고 혼자 남게 되었어요."

소율이는 먼저 다가가는 성격이 아닌데다가 이미 형성된 그룹에 들어가기도 불편했고, 그때 조금 알고 지내던 희민이 도움으로 어렵게 그룹에 낄 수 있었다고 합니다. "희민이네 그룹은 네 명의 아이들이 이미 둘씩 짝을 이루고 있었어요. 저는 혼자가 되는 것이 싫어서 아이들에게 되도록 맞추었어요. 특히 희민이가 다른 애와 더 친해질까 봐 두려웠던 거 같아요. 희민이와 점점 친해져서 좋았는데 제가 크게 실수하고 말았어요." 여기까지 이야기한 소율이는 그때로 돌아간 것처럼 침울한 표정을 지으며 말을 이었습니다. 희민이는 부모님의 사이가 좋지 않아 고민이 많았는데 그걸 같은 동아리 그룹이었던 수민이에게 주말에 봉사활동을 하면서 말해버린 겁니다. 순간 후회하면서 수민이에게 절대 말하지 말라는 당부를 했는데, 수민이는 희민이네 멤버였던 선영이에게 전하고 말았습니다. 결국 희민이도 알게 되었죠. "희민이가 진짜 말했냐고 묻는데 정말 사라지고 싶었어요. 저는 당황해서 또 후회할 짓을 하고 말았어요. 아니라고 우겼거든요." 이후 네 명이 몰려와서 소율이에게 따졌고, 거짓말을 일삼고 의리 없는 아이로 소문이 퍼져나갔다고 합니다. "이후로는 그냥 왕따였어요."

급식 시간보다 더 힘든 건 모둠활동 때였습니다. 어느 모둠에서도 데려가지 않아 마지막까지 남는 건 언제나 소율이었습니다. 소율이는 하교 시간 전에 가버리기도 하고 결석도 잦아져서 결국 부모님이 학교에 오셔야 했습니다. 소율이와 다른 아이들 모두 담임선생님에게 불려가 이런저런 주의를 들었지만 달라지는 건 없었다고 말합니다. "담임선생님은 친하게 지내라고 했고, 아이들은 싫다고 했어요. 교무실을 나와서 아이들은 짜증난다면서 저를 대놓고 무시했어요. 선생님이 알게 돼서 상황이 더 심해졌어요. 2학년 생활은 더이상 생각하고 싶지 않아요."

겨울 방학이 끝나고 개학 날 아주 조심스럽게 교실에 들어갔는데 희민이네 그룹 아이들이 없어서 안도했다고 합니다. "3학년은 정말 잘 지내고 싶었어요."라고 말하는 것에서 절실함이 느껴졌어요. 아이들과 엮이면 또 힘들어질 거 같고, 이어폰만 있으면 혼자 조용히 지내는 것도 괜찮다면서 쓸쓸한 미소를 띠었습니다. 소율이는 아직 회복해나가야 할 것들이 많아 보입니다.

아이들의 갈등이 시작될 때 표면적으로는 특별한 이유를 찾기 어렵습니다. 조금 전까지 함께 웃으며 놀았는데, 어느 순간 뭔가 묘한 기운이 감돌고 본능적으로 아이들은 시작되었다는 것을 느낍니다. '이번에는 누구지?', '왜 그러지?', '무엇 때문이지?' 하는 질문이 머릿속에서 맴돌며 쉽게 드러내지 못하는 사이에 일은 벌어집니다. 그룹 내 누군가가 눈치를 보기 시작함과 동시에 그룹 멤버들은 그 아이가 짜증나기 시작합니다. 그러나 조금 자세히 들여다보면 아이들의 갈등은 몇 가지 선행되는 사건들이 있습니다. 아이들은 짜증나고 화나는 것의 시작은 그 아이가 그룹의 규칙에서 벗어나는 일을 했을 때라고 이야기합니다. 소율이의 경우도 마찬가지였죠. '우리들의 대화' 프로그램 코너에 '우리 그룹의 암묵적 규칙 드러내기'를 넣는 것은 그 이유입니다.

우리 그룹의 암묵적 규칙

1. 뒷담화하지 않기
2. 비밀 지키기
3. 분위기 파악 잘하기
4. 우리 그룹만의 표시 존중하기
5. 관종짓 하지 않기
6. 나대지 않기
7. 여우짓 하지 않기
8. 거짓말하지 않기
9. 약속 잘 지키기
10. 배신하지 않기
11. 잘난 척하지 않기

그룹의 규칙에 대한 토론 중에 휴대전화 메시지에 대한 이야기가 나왔습니다. "초등학교에서는 자유롭게 휴대전화를 사용했어요. 중학교 오니 등교하면서 걷고 하교할 때 가져가서 처음에는 불안하기도 하고 불편했어요. 그런데 편한 부분도 있어요." 휴대전화를 학교에서 걷음으로써 마음이 편해지는 장점도 있다는 겁니다. 알고 보니 친한 친구들 간에 문자에 바로바로 답을 해야 한다는 무언의 규칙 같은 것이 있었나 봅니다. 메시지를 자주 확인하지 않으면 자기만 모르는 일들이 너무 많이 생기는 것이 두렵고, '아직 톡 확인 안 한 사람 누구야? 두 명 안 읽었더라' 등의 말에 눈치가 보여 스트레스가 됩니다. 학교 안에서는 어쩔 수 없이 문자를 확인할 수 없는 상황이 되어 마음이 편하다는 말에 짠한 마음이 들었습니다.

아이들은 또래그룹의 멤버십을 얻기 위해 노력합니다. 멤버십 카드는 넘치지도 모자라지도 않는 정상분포 범위에 있을 때 발급되는 확인증과 같습니다. 개성과 매력을 뇌의 필터 없이 발산했다가는 '관종'이 되기 십상입니다. 자기의 의견을 내세우는 아이는 나대는 아이가 될 것입니다. 어물쩍거리다가는 분위기 파악 못한다는 핀잔을 들을 것입니다. 친구들이 공유하는 유행에도 동참해야 합니다. 좋아하는 연예인, 노래, 화장법, 옷 스타일에서 아이들과 차이를 보이는 것은 '앗싸'로 구분되는 원인일 테니까요. 이것은 개인의 문제로 끝나는 것이 아니라 자신이 속한 그룹에게도 영향을 미칩니다. 관종 짓을 하는 아이와 다니는 그룹은 관종 그룹이 되고 앗싸인 아이가 속해 있는 그룹은 앗싸 그룹이 되는 거죠. 아이들은 이러한 꼬리표가 두렵습니다. 그래서 넘치지도 모자라지도 않는 선 안에 들어가기 위해 자신과 친구의 본성을 지웁니다.

소율이는 요즘 유행하는 아이돌이나 랩보다는 지나간 팝송을 더 좋아합니다. 아이들에게 소율이는 올드한 취향을 가진, 자신들과 다른 아이로 구분되었을 겁니다. 애초에 주류가 아닌 아이가 또래가 공유하는 유행에도 동참하지 않는 것을 보고 혼자 잘난 척하는 것으로 본 거죠. 소율이의 가장 큰 매력인 유쾌한 웃음소리는 아이들에게 꼴불견이 되고 위트 있는 말들은 유치함으로 받아들여졌습니다. 소율이는 그룹 내 위치가 불안한 상태에서 갈등의 촉발이었던 그룹 멤버의 비밀을 발설했어요. 규칙을 위반했고, 공격의 명분을 제공했습니다. 소율이는 말합니다. "제가 착각을 하고 있었어요. 저는 아직 아이들에게 받아들여지지 않았는데, 욕심을 낸 거예요."

뒷담화는 평화로운 상태에서는 비밀 공유와 친밀감을 주어 구성원을 끈끈한 관계로 만드는 원동력이 되기도 합니다. 소율이는 그룹 내에서 희민이하고만 관계를 맺고 있는 상태에서 수민이와도 가까워지기 위해 친구의 비밀을 담보로 삼은 거죠. 소율이가 그런 무리수를 두는 사이, 관계는 흔들리고 뒷담화는 공격의 빌미가 되었습니다. 소율이는 실패했습니다. 소율이는 실패를 딛고 자신의 본성을 찾을 수 있을까요? 아이들은 소율이가 하는 말을 듣기 위해 귀를 열어줄까요? 기대감 1도 없는 소율이의 자기소개서는 올해 어떻게 채워질까요?

Honey Tip

괴롭힘 당하는 아이의 전략

· 안 하던 지각을 자주 한다. 학부모도 아침시간에 꾸물거리는 아이 때문에 화가 많이 나 있는 상태다.

· 학교에서 하루 종일 자기 자리에 앉아 있다. 화장실 사용도 피하는 것 같다.

· 그러면서 부쩍 자주 가는 곳도 있다. 도서관, 보건실이다.

· 무언가에 몰두하는 모습을 보인다. 이어폰 끼기가 대표적이다.

· 뭐라고 하든 신경 쓰지 않겠다는 표정이다. 그 표정으로 책을 본다.

· 평소와 다르게 척하는 게 많아진다. 많이 아픈 척, 배고프지 않은 척, 책 읽는 척이 대표적이다. 잘 관찰하자!

인기와 우정 사이

학교에서 누가 인기 있는 학생인지 알아보는 방법은 그리 어렵지 않습니다. "인기파요? 우리 학교에 그런 건 없어요. 다 친하게 지내요." 이렇게 말하며 어깨를 으쓱거리는 아이들이 인기파일 가능성이 높습니다. 옆에서 이 말을 듣고 있던 아이들이 불신에 찬 눈동자를 굴리는 모습에 웃음이 나는 것을 참으며 어떤 반론이 나올 것을 기대합니다. 그러나 그런 일은 일어나지 않습니다. 아이들은 '지금 여기에서 이런 얘기를 한다고? 미친 거 아니야?' 하는 표정으로 입을 닫습니다. 아이들이 침묵하는 이유는 그룹 내에 존재하는 힘을 두려워하기 때문일 겁니다.

남자아이들도 자기들만의 또래 그룹을 형성하고 인기 경쟁을 합니다. 여자아이들과 다른 점은 잘 모르는 아이를 주로 괴롭힌다는 점입니다. 괴롭히는 이유는 불안한 마음이 해소되어 기분이 좋아질 거라는 잘못된 희망과 일부 아이들의 환심을 사기 위해서인 경우가 많습니다. 이에 반해 여자아이들은 같은 그룹에 속한 아이를 괴롭힙니다. 점심때까지 잘 다니다가 갑자기 누가 '우리 중에 불편한 애 누구야?'라고 말을 해요. 그러면 아이들은 누구를 지목합니다. 아이들은 은밀하게 권력 다툼을 벌이는데, 이때 지목당한 아이가 바로 경쟁 상대인 거죠. 아이들의 그룹 내 갈등을 지켜보면서 발견한 특이한 현상은 괴롭힘을 당하는 아이와 괴롭히는 아이가 이유 없이 쉽게 바뀌는 겁니다. 이것은 공식과 같았어요. "몇 주 동안 따돌림을 당해요. 그러다가 갑자기 다른 아이를 떨구면(아이들은 그룹에서 한 아이를 따돌리는 것을 '떨구다'로 표현합니다) 풀려나요. 이유는 아무도 관심 없고 중요하지도 않아요. 누구든 그냥 그 다음 타깃으로 지목되기만 하면 되는 거예요." 다은이가 회상했습니다. "누구 한 명이

'그 애 좀 이상하지 않니?' 하고 시작하면 바로 '그래, 걔 지난번에 그랬잖아. 엄청 이상해. 진짜 재수 없어'라면서 엄청 나쁜 아이로 만들어버려요." 다음 타깃의 선정은 가장 힘을 가진 아이가 주도하는데 다은이가 바로 그 아이였습니다. 다은이의 선정 기준은 무작위였어요. 이것이 더욱 아이들을 두렵게 했습니다. 이 매커니즘 안에서 여자아이들이 할 수 있는 다른 선택은 없어 보입니다. 가만히 보니 교실에서 자주 하는 의자 뺏기 게임과 비슷하네요.

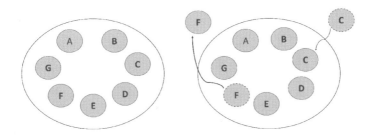

다은이는 그룹에서 최고의 권력을 누리다가 갑자기 추락한 아이예요. 다은이를 보니 지금 권력의 중심에 있는 아이가 언젠가 따돌림을 당한다며 울지 모른다던 상담 선생님 말이 기억나네요. 다은이는 2학년에 올라오면서 교내 댄스부 오디션을 봤습니다. 얼굴도 예쁘고 늘씬한데다가 초등학교부터 갈고 닦은 춤 실력도 좋아서 단번에 뽑혔죠. 다은이는 자연스럽게 열두 명으로 구성된 인기파 그룹에 들어갔고, 얼마동안은 매일이 마술과 같았습니다. "처음에는 우리 그룹에 저와 경쟁하는 아이가 있었어요. 사사건건 신경이 쓰였죠. 저는 그 아이를 내치고 꼭대기로 올라갔어요." 이후 다은이는 항상 애들의 모든 것을 파악하고 싶었다고 했습니다. "아이들이 제 의견을 먼저 묻고 제가 원하는 대로 하는 것이 좋았어요. 애들을 너무 좌지우지했던 거 같아요. 그때는 잘 몰랐어요." 아이들에게 못되게 굴었던 것을 선생님들도 아시기 때문에 자신을 더욱 싫어하실 거라며 말합니다. "우리 그룹 중에 제가 떨어뜨리지 않은 아이는 한 명도 없어요."

다은이가 그룹 멤버들을 자기 마음대로 조종하려고 힘을 남용하는 사이에 인기의 고속도로 위에서 우정은 수단이고 기회로 전락했습니다. "무조건 완벽해야 한다고 생각했어요. 더 위에 있기 위해서는요. 그때 주위를 둘러보았으면 좋았을 것을…. 아이들이 나를 쳐다보면서 '멋지다, 대단해'라고 하는 소리를 들어요. '그렇지만 넌 못된 아이'라고 이어지는 속닥임은 귀를 막았던 거 같아요. 눈치 채고 싶지 않았던 같기도 해요. 그러나 결국에는 이렇게 됐어요." 다은이는 빙글빙글 돌 때 빛나던 팽이가 갑자기 멈춘 후에야 자신의 실수를 알게 되고 후회합니다.

여왕벌이었던 다은이 역시 또래 그룹의 부정적인 영향을 받고 있었어요. 다은이가 몰락할 때 붙잡아주는 건 중요해 보입니다. 다은이에게 자신의 정체성을 찾고 변화와 기회를 만들어보자고 제안했습니다. 다은이는 분명 이번 일을 통해 그룹 내에서 도덕적 가치를 어떻게 추구하고 인격적인 행동의 유지에 대한 깨달음을 얻었을 것입니다.

다은이를 걱정하지만 다른 아이들 시선이 두려워서 나서지 못하는 서현이가 살짝 귀띔해줍니다. "다은이가 원래 그런 아이는 아니었어요. 저하고만 친했을 때는 착했어요. 그땐 인기가 그렇게 많진 않았거든요. 못되게 굴기 시작한 건 인기를 충분히 얻었다고 생각해서 그런 거 같아요. 저는 인기도 없고 조용한 아이여서 성에 안 찼나 봐요. 그런데도 이따금 전화해서 주말에는 같이 놀았어요." 서현이는 다은이가 인기와 우정 사이를 오가며 시간제 우정을 나누었다고 말합니다. 친구였다가 친구가 아니었다가를 반복해서 힘들었지만 그래도 아직은 친구라고 말합니다. 다은이의 몰락을 고소해하는 많은 아이들 틈 속에 서현이 같은 친구가 있어서 다행이라는 생각이 들었습니다.

그렇다면 다은이가 그렇게 지키고 싶었던 인기라는 것은 어떤 의미가 있는 걸까요? 아이들도 궁금하긴 마찬가집니다. 인기 있는 사람은 모두 나쁜 걸까요? 돌아보면 진정으로 사람들이 좋아하는 인기 있는 여자아이들도 있습니다. 이번에도 아이들은 저의 부족함을 채워줍니다. 좋은 인기는 말 그대로 진짜 선한 영향력을 전하는 좋은 아이들에게 있는 힘입니다. 그리고 곧 알게 됩니다. 좋은 인기의 의미는 아이들이 알고 있는 인기과 아이들과는 맞지 않다는 것을요. 인기가 있다고 해서 모두 리더의 역할을 하는 것은 아니죠.

아이들은 이제 알겠다는 표정을 짓습니다. 동시에 머릿속으로는 동일한 인물을 떠올리고 있겠죠.

좋은 인기 VS 나쁜 인기

	좋은 인기	나쁜 인기
공통점	· 강력한 힘이 있어요. 친구도 많아요.	
차이점	· 아이들이 좋아하고 따릅니다. · 주로 공적인 공간(교실 등)에서 공론화하는 것에 강해요. · 일관적으로 잘 대해줍니다. · 조직이 화합하도록 잘 이끌어요.	· 아이들이 두려워하고 좋아하지 않지만 싫어하는 티를 내지 않죠. · 주로 사적인 공간(학교 화장실, 문자, SNS, 침대 등)에서 공론화하는 것에 강해요. · 자기 기분에 따라 다르다. 기분이 좋으면 잘 대해주고 짜증나면 심하게 놀리며 못되게 굴어요. · 뒷담화 등으로 조직을 분열시키고, 힘을 사적으로 이용해요.

그들만의 은밀한 사회적 지위

아이들을 알아갈수록 또래 그룹의 내부가 무척이나 치열하다는 것을 알게 됩니다. 멤버들의 인정을 받기 위해 무언가를 지속적으로 해야 한다는 압박을 느끼는 것 같아요. 다은이가 속해 있는 인기파 그룹만 봐도 그래요. 그들의 사회적 지위는 매우 복잡하고 유동적이죠. 어떻게 주어졌는지는 모르겠지만 아무튼 맡게 된 자신들의 역할을 너무 잘 수행하는 모습에 당황스럽기도 합니다. 실제로 고정된 역할을 하는 경우는 드물어요. 대부분 그룹이 처한 상황이나 멤버들의 관계에 따라 역할을 합니다. 따돌리고, 조용히 관찰하고, 따돌림을 당하고, 바쁘게 돌아다니는 모든 경험을 할 수 있는 거죠. 때로는 하루 안에 갑자기 몇 가지의 역할을 바꿔서 할 때도 있으니까요.

아이들과 또래 그룹에 대해 얘기할 때는 특히 아이들에게 용기를 주려고 노력합니다. 자신의 역할과 경험을 풀어내는 것이 상당히 어렵다는 것을 알기 때문이죠. 무심한 척 그림을 던져놓고 "네 의견은 어때?" 하고 시작합니다. 이어서 어떤 점이 공감되고, 어떤 점이 다른지 견해를 묻다 보면 친구들 이야기로 시작했지만 어느새 자신의 이야기도 터놓게 됩니다. 어떤 아이들은 용어에 민감하게 반응합니다. 그럴 때가 기회입니다. 창의적인 네이밍이 쏟아지고 어느덧 아이들은 몰입합니다.

활용하면 좋을 질문들

- 그 역할을 함으로써 얻는 것은 무엇인가?
- 그 역할을 함으로써 잃는 것은 무엇인가?
- 각자 그 역할을 지켜야 하는 이유는 무엇인가?
- 그룹을 떠나고 싶었던 적은 있었나?
- 떠날 수 없다고 느꼈다면 그 이유는 무엇인가?

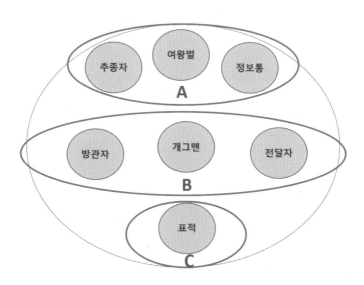

여자아이들과 자신이 속한 또래 그룹 내에서의 역할과 경험에 대해 대화하기란 그리 쉬운 일이 아닙니다. 그래도 대화를 시도하고자 한다면 또래 그룹 내의 위계에서 파생되는 역학 관계를 먼저 알 필요가 있습니다.

A그룹은 권력의 행사자들입니다. 이들을 지도하기란 만만치 않죠. 자신들은 문제가 전혀 없고 다른 아이들로 인해서 힘든 상황이 발생한다고 보기 때문에 이들의 인정을 받아내는 것은 어렵습니다. 이 위치에 있는 아이들은 다른 아이들을 통제하고 평가하며 복수하는 데 많은 에너지를 쓰고 집중합니다. 이들의 행동을 비난만 하기보다는 행동에 대한 책임감을 느끼도록 하는 것이 효과적입니다.

여왕벌을 상상하기는 쉽습니다. 우리는 이미 나쁜 인기를 무기삼아 힘을 휘두르고 있는 아이를 머릿속에 그려봤기 때문이지요. 선생님들이 '못됐다', '투덜댄다', '말을 잘 한다', '사회적 지능이 뛰어나다'라는 평가를 마음속으로 자주 하게 되는 아이 중에 해당될 겁니다. 아이들이 설명하면서 많이 쓴 단어는 '조종한다', '모욕 준다', '좌지우지한다', '괴롭힌다', '화를 낸다', '우긴다' 등입니다. 한 아이는 여왕벌에 대해 이렇게 말했습니다. "꽤 머리가 좋아요. 앞에서는 아이들을 챙기는 척하고 뒤로 술수를 쓰거든요. 한마디로 믿을 수가 없는 애예요." 또 다른 아이는 자신이 당한 얘기를 해주었습니다. "같은 파에 세 명의 여자아이가 있었어요. 여왕벌이 저는 싫어하고 다른 아이를 좋아한다는 것을 티를 내면서 기분 나쁘게 했어요. 셋이 있을 때 다른 아이에게 속삭이고 팔짱 끼고 머리 만지고 꺼안고 하면서 붙어 있는데 저한테는 아예 말도 안 했어요. 그렇게 하려고 학교 나오는 애 같았다니까요." 한편 자기가 여왕벌임을 절대로 인정하지 않는 한 아이는 이렇게 투덜댑니다. "모두 내가 하는 대로 따라 한다니까요. 좀 혼자 있고 싶은데 자꾸 아이들이 오는 것도 힘들고요. 뭐라 조금만 말만 해도 삐지고 예민하게 구는 애들 때문에 정말 피곤해요."

이 아이들에게 '여왕벌이 됨으로써 얻는 것과 잃는 것'을 구체적으로 짚어주면 도움이 됩니다. 추종하는 아이들이 많고 중심에 서서 주위에 영향력을 행사하는 여왕벌의 달콤함에 빠져 있는 아이라 할지라도요. 그러한 평판으로 인해 우정의 진정성을 잃고 자신의 본성도 잃어버리는 것의 공허함을 좋아하지는 않기 때문입니다. 결국 선택은 아이들이 합니다. 선생님은 옆에서 어떤 것이 더 도덕적이고 선한 것인지 알려주는 역할로 충분합니다.

추종자는 여왕벌 옆에서 한시도 떠나지 않는, 오른팔 같은 존재입니다. 남자아이와 비교하면 보스의 최측근인 행동대장과 같은 역할이라고 보면 될 것 같습니다. 학부모로부터 단짝인 친구가 우리 애를 통제하고 좌지우지한다고 말한 적이 있나요? 그렇다면 그 아이는 부모보다 여왕벌의 권위를 더 중시하는 추종자일 확률이 높습니다. 누가 여왕벌이고 누가 추종자인지를 구분하는 순간은 둘 사이가 벌어졌을 때입니다. 여왕벌은 추종자 자리를 대신할 아이를 찾으려 하지만 추종자는 여왕벌의 환심을 다시 얻기 위해 노력하는 쪽을 선택하는 경우가 많습니다. 때때로 여왕벌이었던 다은이와 결투를 벌인 나연이처럼 바라던 왕좌를 차지하기도 합니다. 정보통은 아이들에 대한 정보를 모아 저장했다가 필요한 순간에 교묘히 퍼뜨리는 역할을 합니다. 이 아이들은 갈등을 증폭시키는 데 결정적인 역할을 하지만, 그런 반면 학교에서 논란의 중심에 서지 않고 잘 빠져나갑니다. 어떤 아이는 정보통의 역할을 비꼬며 이렇게 말했습니다. "정보통은 잘 드러나지 않아요. 숨어서 재료들을 모으고, 그걸로 드라마 대본을 쓰죠."

어느 아이가 정보통임이 들통이 난 일이 있었습니다. 조용하고 잘 나서지 않는 건 그렇다 치고 아이들에게 신뢰를 얻고 있는 아이여서 저도 깜짝 놀랐습니다. 정보통 역할의 힘은 아이들이 비밀을 말하도록 만드는 데 있습니다. 그룹멤버들은 소문이 날까 두려워 정보통을 대우해주지만 간혹은 그룹 내에서 조직적으로 따돌림을 당하는 경우도 있습니다. 전달자는 정보통과 마찬가지로 정보를 퍼나르는데 전달자가 정보통과 다른 점은 자기들이 누구인지 모두가 알 수 있도록 신속하게 움직이며 뒷담화를 한다는 것입니다. 이유는 갈등에 개입해서 화해시키기도 하고 깨뜨리기도 하는 역할에 엄청난 보람을 느끼기 때문이에요. 이를 위해 종일 몰두합니다. 주희와 애나의 싸움에 끼여 중재자 역할을 했던 보현이가 생각나네요. 어떤 학부모는 이러고 있는 딸의 모습을 보고 많은 시간을 들여 양

쪽을 위해 노력한다는 착각을 합니다. 그러나 그들의 동기가 이타심에서 출발하는 경우는 거의 없음을 곧 알게 되지요. 더군다나 정보통이 정확한 정보로 접근하는 것에 반해 전달자는 잘못된 정보를 전하게 되는 경우가 더러 있습니다. 이로 인해 그룹에서 쉽게 떨구어지는 신세가 되기도 합니다.

B그룹은 중간에 끼인 아이들입니다. 이미 난처한 입장인데, 그런 상황인 줄도 모르는 경우가 많으니 알려주는 것만으로도 환기가 될 수 있습니다. 결정권이 자신에게 있음을 강조하고 자신의 정체성을 잃지 않는 것이 중요함을 깨닫게 해야 합니다. 개그맨은 그룹에 들어가기 위해 힘의 중심인 여왕벌과 그 추종자의 마음에 들려고 노력합니다. 입담이 좋고 재미있는 말을 잘해서 그룹 내에서는 항상 웃기는 역할을 담당하지요. 심지어 몸이 아프거나 기분이 좋지 않을 때도 아이들을 웃겨야 자신의 캐릭터에 맞는 행동을 했다고 생각하고 안심합니다. 그룹이 기대하는 행동을 계속해야 한다고 느낍니다. 진지해지는 순간 편잔이 쏟아지고 무시의 대상이 되곤 합니다. 이 아이들은 자신이 원하는 것이 무엇인지 정확하게 모르고 아이들에게 맞추는데 급급해서 자신이 원하는 것을 생각도 하기 전에 포기하기도 합니다. 방관자는 표적을 도와주고 싶어 합니다. 그러나 뾰족한 방법을 모르고 '그래봤자 달라지는 없다'라는 합리화로 돌아섭니다. 침묵을 선택함으로써 그룹에 받아들여지는 거죠. 방관자는 항상 친절하지만 우유부단해 보이기도 합니다. 자기주장이

라고는 전혀 찾아볼 수 없고 힘 있는 애들에게 맞추며 갈등 없이 잘 지내려 부단히 노력하지요. 그러나 자신도 이러는 모습이 좋지만은 않기 때문에 괴로울 때가 많습니다.

C그룹의 표적은 더 괴롭습니다. 또래그룹에서 놀림 받거나 따돌림 당하는 아이죠. 어떤 이유든 짜증나게 하거나 지나치게 애쓰거나 그룹의 암묵적 규칙을 위반했을 경우 공격을 받습니다. 모두 표적이 자초한 것처럼 보이기 때문에 아이들은 표적을 괴롭힐 명분이 있고 죄책감도 느끼지 않는 것 같습니다. 표적은 또래그룹의 괴롭힘에 맞서지 못하고 무기력하며 거절의 아픔을 차단하기 위해 누구와도 친하게 지내지 않을 거라면서 마음의 벽을 쌓습니다.

여름의 향기가 시작되던 어느 6월, 익명의 편지 한 통을 받았습니다. 글이 깨알같이 빼곡했던 두 장의 편지에는 아웃사이더의 삶이 적혀 있었습니다. 이 편지를 받은 이후 아이들에게 좀더 책임감을 갖게 되었던 것 같습니다. 지금은 20대 초반이 되어 있을 그 아이가 보고 싶습니다.

많은 아이들이 챔피언이 될 기회를 얻었으면 좋겠습니다. 챔피언은 하나의 또래 그룹 안에서만 위치하지 않습니다. 1장에서 소개한 눈치 게임장에 발을 들이지 않는 아이들과 思考뭉치 5인방이 바로 여기에 해당됩니다. 이들은 친구를 대할 때 차별 대우를 하지 않고 자기 이익을 위해 누군가를 배척하지도 않습니다. 다양한 또래 그룹과 관계하면서 자유롭게 친구들을 사귀고 이들을 연결해줍니다. 앞서 살펴본 관계 맵에서 안정적으로 관계를 맺으면서 그룹과 그룹을 연결해주거나 소외된 친구를 연결하여 관계를 맺어주는 역할을 하는 아이가 바로 챔피언입니다. 이들은 또래 그룹의 암묵적 규칙의 제한이나 통제를 넘어서기 때문에 두려움도 없습니다. 삶을 주도적으로 그리고 실천하는 것이 자연스러워 보입니다. 이들에게도 위기의 순간은 있습니다. 아이들은 도덕적 용기를 갖추고 올바른 일을 하는, 그들만의 규칙을 따르지 않고 자신의 내적 힘을 믿는 챔피언들을 때때로 비난합니다. 그럴 때는 기복 없는 높은 자존감과 담대함으로 간혹 찾아오는 고독을 이겨내길 응원해주세요.

매번 느끼는 거지만 대부분 학부모는 딸이 챔피언이라고 생각합니다. 정확히 말해서 그렇다고 믿고 싶어 합니다. 이러한 근거 없는 애정에 가려 현실을 보지 못하는 경우가 생기고, 변화할 기회를 놓치기도 하지요. 이러한 학부모에게 간곡히 말합니다.

"현재는 아이가 챔피언이 아니어도 잘 성장할 수 있습니다. 또한 저와 부모님이 그러하듯 현재 챔피언이라 해도 항상 챔피언으로 살 수 있는 건 아닙니다. 그러나 아이에게 부모님이 필요한 순간 옆에서 충분한 역할을 하기 위해서는 아이의 모습을 있는 그대로 볼 수 있어야 합니다. 그 순간이 바로 아이가 사회적 능력, 도덕적 리더십, 진실을 말하는 법 등을 배우는 기회의 장이 되기 때문입니다. 아이들은 모두 건강한 판단을 내릴 수 있는 도덕적 토대를 갖춘 잠재적 챔피언입니다. 이제 우리가 할 일은 아이가 그 능력을 스스로 끄집어내도록 돕는 것입니다. 이것이 우리가 힘을 모으는 이유입니다."

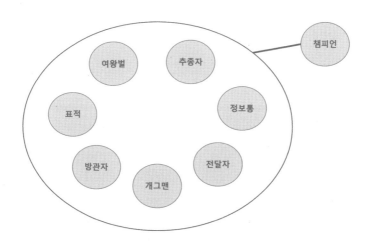

그룹의 공동문제, 연애

한때 그룹의 일인자 자리에 있던 다은이가 추락한 이유를 말할 시간이 되었네요. 다은이와 나연이에게서 자기들의 입장에서 말한 이야기를 종합 정리해보았습니다. 재미있고 친절한 좋은 친구처럼 보이는 다은이는 나연이를 단번에 사로잡았고, 둘은 친해졌습니다. 둘은 댄스동아리 아이들이 많이 속해 있는 인기파에서도 잘 나가는 중요 인물이었습니다. 어느 날 과학 시험을 친 직후에 다은이가 좋은 점수를 받자 나연이는 갑자기 정신이 아찔해졌어요. 그동안 느끼지 못했던 고통이 온몸을 감싸는 거 같았습니다. 다음에는 나연이가 더 좋은 점수를 받았고, 이번에는 다은이가 좌절했지요. 서로 이기기 위한 건 공부만이 아니었습니다. 학교 행사 때 선보이는 댄스 무대에서 둘은 가장 빛났고, 멋졌습니다. 둘이 성적, 춤, 친구 관계 모든 면에서 악감정을 갖고 경쟁한다는 것을 전혀 눈치채지 못했으니까요.

둘의 경쟁이 이성 문제로 옮겨가자 전쟁의 도화선이 되는 건 시간문제였습니다. 나연이는 희율이를 좋아하게 되었고, 다은이에게 짝사랑에 대해 털어놓았습니다. 다은이는 갑자기 희율이에게 관심을 보이기 시작했습니다. 나연이는 화가 났지만 드러내지 않고 삭이며 '싸우고 싶지 않아'를 반복해서 말했습니다. 그렇지만 매번 싸움이 일어났고, 나연이가 화를 내면 다은이는 상황을 뒤집어서 나연이 탓으로 돌렸습니다. "언제나 자기 잘못은 하나도 없고 모두 내 잘못이래요. 독재자 같아요." 나연이는 다은이가 겁났고 그래서 거리를 두고 그룹 안에 있는 수영이와 친하게 지냈습니다. 시간이 흐르면서 다른 아이들도 다은이를 싫어한다는 것을 알게 되었습니다. 특히 수영이는 화가 많이 났는데, 남자친구가 자기를 버리고 다은이에게 간 일로 상처를 크게 입은 적이 있습니다. 그러는 동안 나연이는 그동안 짝사랑하던 희율이와 사귀기 시작했습니다. 어느 날 우연히 수영이는 다은이와 희율이가 명동 거리를 걸어가는 걸 보았고, 그 뒤로 모든 것이 달라졌습니다.

드디어 화낼 이유를 찾아낸 사람들처럼 다은이를 공격했고, 다은이는 무너졌습니다. 정말 특이한 것이 있어요. 질투나 시샘에서 비롯된 비밀스러운 경쟁 속에서 스트레스를 받고 있던 아이들에게 이 사건이 분노를 표출할 명분이 되어주었다는 점입니다. 그렇게 될 수 있었던 건 아이들의 연애는 둘 사이의 문제를 넘어 또래 그룹의 공동문제로 다루기 때문입니다. 그룹 멤버끼리 이성문제를 함께 생각하고 논의하는 과정에서 서로 단합하는 계기로 만드는 것 같습니다. 서로 또는 전혀 상관없는 아이들의 이성 문제에까지 관여하면서 든든한 연애지원군이 되기도 하고 한 남학생으로 인해 모든 관계가 모래성처럼 무너지는 모습은 무척 흥미롭습니다.

Look Back

그 시절에 나는
- 그 시절에는 어떤 유형의 아이들이 높은 사회적 지위에 올랐는가?
- 어린 시절 아이들과 주로 어디에서 놀고 어울렸는가?
- 어린 시절 또래그룹에게 괴롭힘이나 위협을 당해 보았는가?
- 그래서 도움을 요청했는가? 그래서 어떻게 되었는가?
- 어린 시절 어떤 또래그룹에 속했는가?
- 또래그룹에서 얻은 것과 잃은 것은 무엇인가?
- 또래그룹을 떠나고 싶었지만, 떠날 수 없다고 생각한 이유는 무엇인가?

생각의 하수구

부정적인 생각도 습관입니다. 물이 위에서 아래로 흐르듯이 우리의 '생각'이 부정적으로 더 흐르도록 뇌의 기본 값이 세팅되어 있기 때문이지요. 우리가 느끼는 행복과 불행은 현실적 상황과 조건보다는 사고방식과 그로 인한 삶의 태도에 의해 더 결정됩니다. 쉽게 말해서 상황을 어떻게 바라보느냐에 따라 나의 행복과 불행이 결정된다는 거죠. 그래서 '생각하는 방식'을 빨리 알아차리고 현실에 도움되는 방향으로 전환하는 것이 중요합니다. 아이들과 함께 시도할 수 있는 방법을 소개합니다.

- 첫 번째 단계(사건): 오늘 일어난 일 중에 속상하거나 마음이 좋지 않았던 일 적기. 그때 떠올랐던 부정적 생각과 감정을 적어봐. 솔직할수록 효과는 좋아.
- 두 번째 단계(생각): 생각 점검하기. 논리성, 현실성, 유용성 등 양 측면을 고루 살펴서 생각의 정확도를 알아보자.
- 세 번째 단계(행동): 새로운 생각과 감정으로 방향 바꾸기.

생각 노트			
사건	국어 서술형 시험에서 실수를 저질렀어.	자동적으로 떠오른 생각	나는 바보야. 원하는 고등학교에 갈 수 없을 거야.
		자동적으로 느낀 감정	수치심, 슬픔, 당혹감
		왜곡된 생각	그만두고 싶다. 혼자 있고 싶다, 도움 받고 싶지 않다
생각	진짜 바보니?	아니, 실수로 틀렸지만 80점 이상되는 점수를 받았잖아.	
	진짜 원하는 고등학교에 갈 수 없니?	아니, 나의 점수는 충분히 원하는 고등학교에 갈 수 있는 성적이야. 특목고는 못 가겠지만 일반계 고등학교는 갈 수 있어.	
행동	새로운 생각	같은 실수를 되풀이하지 않고 시험 성적을 올릴 수 있는 방법은?	국어 선생님과 이 문제에 대해 도움을 받도록 시간 잡기. 실수를 하는 부분을 종이에 적어서 눈에 잘 띄는 곳에 붙이기.
	새로운 감정	희망, 기쁨, 놀라움	

분명 아이의 실수를 없던 것으로 해주지는 못합니다. 그렇게 되어서도 안 되겠지요. 이 방법은 실패와 연관된 생각을 유연하게 잡아줄 것입니다. 아이의 머리를 냉철하게 진정시켜 주고 해결책을 찾을 수 있도록 도와줄 거예요.

4장

/

네 목소리를
듣고 싶어

갈등의 촉발사건 찾기

주희와 애나가 화해한 후 아이들과 관계 회복의 시간을 가졌습니다. 이 기회를 놓치지 않고 아이들에게 물어봅니다. "주희는 애나가 화난 이유를 애나에게 묻지 않고 왜 다른 아이들에게 물었던 거야?" 이 질문에 애나가 말합니다. "맞아. 주희가 뒤에서 내 욕을 하는 줄 알고 그때 더 화가 났었어." 주희는 불안해서 그냥 물어본 거였다고 대답합니다. 우리는 이미 이런 상황에서 아이들이 비슷한 메커니즘으로 움직인다는 것을 알고 있습니다. 그런데 아이들은 '화났니? 왜 화났어?'라고 직접 묻지 않는 걸까요? 그럴 수 있다면 훨씬 오해가 줄어들 텐데 싶었습니다. 보현이는 이런 나의 생각이 이상하다는 듯이 쳐다보며 "시간을 버는 게 낫잖아요. 무슨 말을 할지, 어떻게 행동해야 할지요. 주희가 다른 애에게 물어보지 않고 애나에게 직접 이유를 물어봤다면 애나는 더 빨리 화를 냈을 걸요."라며 시간 끌기가 뒤틀린 관계를 통제하기 위한거 였다고 말합니다. 주희는 이렇게 말해요. "또 오해받을까봐 겁났어. 안 그래도 애나가 화가 많이 났었잖아." 아이들은 싸우는 중에도 관계를 잃어버리지 않기 위해 무단히 애를 썼네요. 그런데 이러한 애씀이 상황을 더 악화시켰다는 생각이 들었습니다.

"처음에 주희가 애나에게 한 실수가 뭐였어?" 사실 이것이 가장 궁금했습니다. 그동안 '몰라요. 기억 안 나요. 뭐였지?'라는 갸우뚱만 남기며 기억 저편으로 흘러간 싸움의 시작을 밝히고 싶었습니다. 아이들은 '이제 와서 그게 왜 궁금하지, 그게 뭐가 중요해?'라는 표정을 짓습니다. 그때 아이들에게 끌려가지 않고 집중해서 질문하며 생각하게 한 것은 잘했다는 생각이 듭니다. 이것을 계기로 아이들의 다양한 갈등 상황을 다룰 때, 아이들 스스로 다음의 질문에 대한 답을 찾아 정리하도록 했습니다. 정리한 내용을 관련아이들과 공유하면서 갈등을 풀어나가는 이 방법은 꽤 효과적입니다.

> 누가 관련되었는가?
> 어떤 일이 일어났는가?
> 언제 사건이 일어났는가?
> 어디서 사건이 일어났는가?
> 왜 사건이 일어났는가?
> 갈등의 촉발사건은 무엇인가?

주희와 애나 사건의 갈등촉발은 무엇이었을까요? 아이들과 함께 나도 명탐정이 된 것마냥 생각을 이끌고 정리합니다. 어느새 희미한 기억 속에서 작은 단서들이 나오기 시작합니다.

　주희와 애나는 등교길에 학교 현관에서 여러 아이들 틈에서 서로를 지나치고 있었습니다. 애나가 주희를 불렀는데, 주희는 아무 말도 없이 급하게 애나를 지나쳤습니다. 애나는 주희가 화가 나서 대꾸하지 않는 걸까, 아니면 중학교 오더니 다른 친구들이 많이 생겨서 나를 쌩까는 걸까 의아해합니다. 동시에 어제 스마트폰으로 톡을 하면서도 평상시와 다르게 주희의 문자가 짧았던 걸 기억해 냅니다. 수업시간 중에도 계속 '주희가 왜 그랬을까?'라는 생각이 가시지 않자, 쉬는 시간 애나는 민아에게 주희에 대한 이런저런 얘기를 하게 됩니다.

　상황을 들은 주희는 어이없다는 표정을 짓습니다. 사실 주희는 애나에게 화가 난 게 아니었습니다. 그날 아침 주희는 시끄러운 현관에서 애나의 목소리를 듣지 못했을 뿐입니다. 이후로도 아이들이 이러한 추정의 현장에 서서 드라마를 쓰는 것을 많이 보게 됩니다. 마침 그 당시 중학생이었던 딸과 그날그날 있었던 일에 대해 이야기 나눴던 기억이 나네요. 아이들의 행동을 이해하지 못하고 퇴근한 날은 이야기가 길어졌습니다. 그날도 딸에게 상황 설명을 하자 "애나는 주희가 자신을 무시했다고 생각했을 거야."라고 말해주었습니다. 갈등의 촉발사건을 알게 되자 맥이 풀렸습니다. 애나는 주희가 화가 났다는 아무런 증거도 없이 부정적 생각을 한껏 부풀려 일을 키웠습니다. 주희도 마찬가지입니다. 애나의 행동을 아이들과 의논하여 추정했으니까요. 이러한 확인되지 않은 모호한 증거들을 모아 추정으로 빈칸을 채우며 넘겨짚어 아는 척하는 행동들은 온전한 관계를 맺는 데 방해가 됩니다. 또한 갈등을 독립적으로 해결하지 못하고 간접적으로, 그룹 안에서 해결하는 것을 배우고 되풀이하게 됩니다. 이 시기 또래 관계를 통해 형성되는 대인 관계 기술들은 성인이 되어서 일상적인 갈등을 대처할 때에도 많은 영향을 미친다고 생각합니다. 우리가 할 일은 아이들이 더이상 확실하지 않은 추정으로 빈칸을 채우지 않도록, 머릿속으로 관계를 처리하지 않도록, 스스로 추정의 현장에 서 있다는 것을 알고 대처할 수 있도록 가르치는 것입니다.

꼭 기억할 것!

• 훌륭한 선생님이 받을 수 있는 보상 중의 하나는 아이들이 고민이나 문제를 들고 자꾸만 찾아오는 것입니다. 선생님이 좋은 선생님이고 맡은 학급을 긍정적이고 안전한 환경으로 이끌었다면 더더욱 그럴 거예요. 이때 선생님은 아이의 삶을 바꿀 수 있는 중요한 위치에 서 있게 되죠. 그러나 선생님이 상황을 다룰 훈련이 되어 있지 않다면 두려운 순간이 될 수도 있겠네요. 너무 걱정할 필요는 없습니다. 선생님은 모든 것을 해결해 주는 척척박사가 될 필요는 없기 때문입니다. 아이를 중심에 두고 좀 더 전문지식을 갖고 있는 누군가들과 연결해 주는 다리 역할만으로 충분하니까요. 선생님은 그저 아이에게 "그런 일이 있었어? 정말 속상하겠다. 나에게 말해줘서 고마워. 우리 같이 해결해보자." 라는 대사를 준비하면 됩니다.

추정의 현장

그 당시 딸은 나의 이야기를 듣고 자신의 상황에 빗대어 생각하기를 좋아했습니다. 심하게 감정이입이 되는 날은 새벽까지 이야기 나누는 경우도 있었습니다. 내가 가르치는 아이들과 학교는 달랐지만 같은 중학생으로서 공감되는 부분이 많았던 것 같아요. "오늘 개네들한테 그 얘기를 해줬어야 했는데." 이불킥에 씩씩대던 딸의 모습이 생각나 지금도 가끔 웃음 짓습니다. 그때는 딸을 통해 학교에서 벌어지는 아이들의 세계를 이해하고 빈 공간을 채울 수 있었어요. 다행이었죠. 얼마 지나지 않아 중요한 사실을 알게 됩니다. 한창 사춘기였던 딸이 그 시간을 기다리고 있는 것을요. 스스로 자신의 이야기를 드러내고 해소하며 답을 찾아가는 시간으로 활용하고 있었던 겁니다. 아이들의 일상적 갈등을 뻔한 이야기로 다루지 않고 좀더 민감하게 보게 된 데에는 바로 옆에서 그와 같은 일을 매번 겪는 딸이 있었기 때문입니다. 학교에서 하루가 멀다 하고 끊임없이 발생하는 갈등 상황을 두고 아이들과 딸을 오가는 사이에 정보와 경험을 넓힙니다. 그리고 영감을 얻어 해결책도 발견하게 되는 선순환을 그리게 된 것 같습니다.

아이들의 싸움은 대체로 비슷한 과정을 따릅니다. 갈등이 생길 것 같은 느낌이 들면 동맹자를 구하고 험담을 하고 복수를 하는 식으로요. 결국에는 오해였다는 것이 밝혀지는 경우가 많습니다. 아이들이 싸우는 것은 당연합니다. 그래야 화해할 수도 있고 그러면서 대인관계 기술을 습득하게 될 테니까요. 그러나 어떤 결과가 나올 거라는 걸 알면서도 매번 같은 것을 넣는 습성은 아이들이 필요한 것을 배울 기회를 방해합니다. 그 연결고리를 끊어야 합니다. 연결고리의 핵은 바로 주희와 애나의 갈등 촉발사건이기도 했던 '추정하기'입니다. 무엇이 원인이 되는지 파악한 것만으로도 많이 안

심되네요. 자, 이제 갈등 해결의 핵을 찾아 추정의 현장으로 들어가 보겠습니다.

속셈 추정하기

딸과 하루만 같이 지내보면 아이들이 주말에 함께할 계획을 오랜 시간에 걸쳐 토의하곤 한다는 것을 알게 됩니다. 그러는 사이에 몇 차례 일정을 바꾸게 되고 마지막 순간에 가서야 최종 일정이 확정됩니다. 이에 집중하지 않고 있다가는 무엇을 약속했는지 놓쳐버리는 경우가 생기게 되죠. 이런 경우를 딸도 자주 경험했던 것 같아요. 딸은 친구들과의 단톡방 메시지를 자주 확인하지 못하는 날이 많았습니다. 더군다나 전화도 받지 못하는 상황에서 주말 모임에서 빠지게 되었습니다. 이럴 때 갑자기 드는 생각이 '그 아이들이 왜 나만 뺐을까?'였다고 합니다. 가장 안 좋은 상황은 예림이에게 다른 약속이 생겼다는 것으로 잘못 전해들은 친구들이 '예림이가 다른 애들하고 놀려고 그러는 건 아닐까?'라는 의심에 휩싸이게 되는 겁니다. 여러분은 이것이 곧 다가올 험담의 예고편이라는 것을 직감적으로 알아챘을 것입니다.

예림이와 미주는 중학교 3학년이고 꽤 오랜 시간 단짝으로 지내왔습니다. 예림이가 미주에게 이번 주말 가족들과 함께 놀이공원에 간다고 말합니다. 이에 예림이는 미주의 "아, 거기 정말 좋아. 나도 갔었어. 지난달 우리 반 체험학습 장소였잖아. 그때 소라와 함께 다녔었는데 정말 굉장했지."라는 말을 듣자마자, 깊게 한숨을 쉽니다. 미주는 뭔가 이상한지 예림이에게 괜찮냐고 물었고 당연히 예림이의 대답은 "응"이었죠. 그러나 예림이는 괜찮지 않습니다. 마음속으로 '미주가 이럴 때마다 정말 짜증나. 요즘 들어 소라와 친한 것을 과시하고 있어. 기회를 잘 잡아서 나의 질투심을 자극하는 거야. 이럴 때마다 나는 미주 면상에 소리치고 싶어. 그만 좀 해. 나보다 한 발 앞서려고 하는 짓 정말 짜증난단 말이야.' 예림이는 직접 소리치고 싶은 것을 가까스로 참고 다른 친구에게 미주에 대해 말합니다. 다른 친구가 맞장구쳐주자 예림이의 마음이 좀 편안해집니다. 예림이는 쉬는 시간에 주로 다른 친구와 이야기하며 미주의 행동을 살핍니다. 오전 마지막 시간 수업종이 치고 교실로 들어가던 중 미주가 소라와 이야기하는 것을 봅니다. 그 순간 미주의 얼굴에서 운 흔적을 발견하고는 예림이는 갑자기 분노가 팽창합니다. '나를 흉보고 있구나.' 이런 상태로 며칠이 흘렀고 카톡 프로필 문구를 지웠다 썼다 하다가 결국 SNS에 암시적인 글을 남깁니다. 아이들이 그 글을 읽고 댓글을 달면서 쑥떡공방이 일어납니다.

예림이는 검증되지 않은 추정이라는 불씨에서 분노가 일었고 결국 그 방향으로 행동한 것입니다. 예림이와 미주의 이야기는 아이들이 전형적이고 보편적으로 이루어지는 추정의 모습을 보여줍니다. 아이들은 걔가 왜 그러는지 안다는 식의 속셈 추정하기를 즐겨

하는군요. 추정을 사실로 받아들이며 갈등을 심화시키는 장면을 정리하면 다음과 같습니다.

1. 예림이는 미주가 소라와 더 친한 것을 말하면서 자신의 질투심을 자극한다고 추정한다.
2. 이 순간 예림이는 화가 나고 마음이 상한다.
3. 예림이는 갑자기 미주와 거리를 둔다.
4. 예림이는 다른 친구에게 미주에 대해 뒷담화를 한다.
5. 뒷담화를 하면서 마음은 좀 편해졌지만 결국 갈등은 더 악화된다.
6. 예림이는 미주가 소라와 이야기하며 운 것을 보고는 자신을 흉봤다고 추정한다.
7. 예림이는 화가 나고 분노가 끓어오른다.
8. 예림이는 미주를 무시한다.
9. 예림이는 SNS에 글을 올리고 갈등은 더 악화된다.

감정 추정하기

감정 추정하기 또한 아이들의 세계에서 많이 벌어지는 일입니다. 침묵을 화난 것으로 잘못 해석하고는 서로의 감정을 알아내기 위해 눈짓과 몸짓 언어에 의존합니다. 예림이는 이에 대해 인정한다고 했습니다. 예림이가 어느 날 친구가 인사도 없이 일어나서 가버리자 '어머, 쟤 나한테 또 화났나 봐.' 하는 생각이 들더라는 것입니다. 그러면서 지난번에 자신을 기분 나쁘게 했던 머리에 일들이 떠오르고요.

돌이켜 보면 십대 시절에 나도 친구들의 진짜 감정을 알아내려고 많은 시간과 노력을 기울였습니다. 나에게 화를 내는 아이의 말을 처음부터 끝까지 되새김질하여 어느 부분에서 화를 내는 기색이 있었고 무시하는 태도가 있었는지를 분석했습니다. 어린 시절 겪은 따돌림에서 심하게 들었던 좌절감과 짜증을 없애기 위한 혼자만의 방편이 아니었을까 싶습니다. 친구들의 등을 바라보며 나한테 화내고 나를 힘들게 하는 이유를 찾으며 드라마를 썼다 지웠다 하는 것 말고 다른 방법이 있다는 것을 그때는 몰랐습니다. 정면승부를 했더라면 어땠을까 하는 아쉬움이 듭니다. 지금도 아이들은 친구들을 기분 나쁘게 하면 그것이 자기 탓이라고 자책하면서 친구들을 해석하기 위해 '그 애가 어떤 감정인지 안다'는 식의 추정에 여전히 공을 들이는 모습을 보게 됩니다. 한 아이가 다른 아이의 감정을 잘못 해석했다는 것을 깨달았을 때는 되돌리기에 너무 늦은 경우가 많습니다. 함께 열심히 싸워줄 동맹부대의 사기가 하늘을 찌르고, '돌진 앞으로'를 외치도록 이미 분위기를 만들어놓았을 수도 있거든요. 때로는 자신의 험담이 수면 위로 올라왔고, 다시 가라앉기 어려운 상황일 수도 있습니다. 아이들은 뒤늦게 자신이 저지른 잘못을 바로잡느라 노력하게 됩니다. 싸우고 화해하는 반복된 패턴 속에서 허비되는 시간과 에너지와 그럴 때마다 널뛰는 감정은 아이들이 좀 더 생산적인 일을 하는 것을 방해하게 될 것입니다. 가장 염려되는 것은 대인 관계에 대한 나쁜 습성을 배우는 것으로 그 대가를 치르는 경우입니다.

또 하나 알게 된 현상은 아이들은 친한 친구들이 자신의 감정을 헤아려주기를 기다리며 하루를 보낸다는 것입니다. 진정한 친구라면 내 마음을 마법사처럼 알아낼 수 있을 거라고 추정하면서 말이죠. 이러한 기대는 자신의 내면을 알아주지 못하는 사람에게 냉담함과 무시라는 벌을 주는 것으로 나타납니다. 친구가 내 마음을 알아주기를 기다리는 동안 화는 더 커지고, 결국 사소한 문제는 심각한 갈등으로 커져버리는 경우가 많습니다. 이때 아이들에게 이렇게 말해줍니다. "좋은 친구란 뭐라고 생각하니? 여기에서 중요한 것은 좋은 우정에서 내가 얻을 수 있는가를 생각하기에 앞서서 내가 좋은 친구가 되기 위해 무엇을 줄 수 있느냐에 더 관심을 가져야 한다는 거란다. 선생님이나 친구들이 너의 감정을 몰라준다고 해서 기분 나빠하거나 우정을 의심해서는 안 돼. 우선 너의 감정이 어떤지 직접 알려주는 걸 선택하는 것이 현명한 거야."

솔직함으로 빈칸 채우기

미주가 예림이에게 처음에 한 말인 "아, 거기 정말 좋아. 나도 갔었어. 지난달 우리 반 체험학습 장소였잖아. 그때 소라와 함께 다녔었는데 정말 굉장했지."를 다른 식으로 생각해보도록 했습니다. 예림이는 조금 생각하더니 평소에 미주가 친구 사이에서 불안해하고 있었다고 말합니다. 그러면서 이렇게 말합니다. "미주가 자주 그런 말을 하는 게 좀 안 됐다는 생각이 들어. 미주는 정말 소라와 놀이공원에 가서 재미있게 논 것을 자랑하고 싶었을 거야. 나에게서 질투심을 유발하려는 생각은 없었을지도…."

예림이의 생각이 바뀌자 화가 나던 감정이 갑자기 측은함으로 바뀌었습니다. 예림이와 미주는 갈등이 있고 이틀 후 대화를 시도했습니다. 다행히 둘은 용기를 내어 솔직한 대화를 나누었습니다. 예림이가 미주에게 그동안 미주가 소라에 대해 말할 때마다 질투가 났었다고 털어놓자, 미주는 자기 혼자 뒤처지고 친구가 없는 것처럼 자주 느껴진다고 말했습니다. 추정이 자리한 자리에 솔직함이 메꾸어지자 갈등은 해소되었습니다. 이 대화 후 예림이는 이렇게 말했습니다. "솔직하게 말한다는 것은 너무 힘들어. 스트레스가 요동치거든. 그러나 그 스트레스에 맞서지 못하고 소중한 친구를 이유 없이 잃는 건 바보 같은 짓이야."

예림이가 미주와 갈등을 해결하는 것을 지켜보며, 아이들에게 자리 잡은 추정이 갖는 힘이 크다는 것을 알게 되었습니다. 이때의 추정은 아이들이 감정과 행동을 어떤 특정한 방향으로 몰고 가도록 견인하는 생각입니다. 그것이 좋은 방향인지, 그렇지 않은 방향인지를 결정하는 열쇠이기도 합니다. 추정을 어떻게 다루는지에 따라 결과는 달라질 것입니다. 이것에 영감을 얻어, 아이들과 '솔직함으로 빈칸 채우기'라는 활동으로 연습을 하곤 합니다. 이것은 아이들 스스로 추정의 현장에 서 있다는 것을 알고 대처할 수 있는 힘을 기를 수 있는데 효과적인 방법입니다.

단계	해설
1단계 추정 정의하기	추정이란 상대방이 그렇게 행동한 이유와 감정을 온전하게 모르는 상태에서 그렇다고 결정을 내리는 것이다
2단계 추정 확인하기	아이들의 생각에 포함되어 있는 추정에 밑줄을 그어서 추정을 확인한다
3단계 추정의 산물 열거하기	밑줄 친 추정에서 나올 수 있는 감정, 생각, 행동을 열거한다
4단계 추정에 의문 갖기	상대방이 행동한 또 다른 대안적 이유를 생각해본다

예시

상황	등교하면서 주희를 현관에서 마주쳐서 내가 인사를 했는데, 주희가 아무 말도 없이 급하게 내 앞을 지나쳐서 가 버렸어. 주희가 나에게 화난 게 틀림없어. 그리고 어제 톡을 하면서도 'ㅇ'이라고만 답했잖아.
추정의 산물	· 감정: 속상하다. 화난다. 초조하다 · 생각: 주희가 화난 이유가 뭐지? 내가 주희에게 안 좋은 일을 한 걸까? 이젠 다른 친구들이 생겨서 나를 모르는 척하는 건가? · 행동: 다른 친구에게 이야기하고 내가 한 일을 그 아이가 알고 있는지 알아본다. 또 다른 아이에게 말해서 전에도 주희가 이렇게 했었는지 물어본다. 학교에서 주희를 만나면 냉담하게 대한다.
의문 갖기	주희가 나한테 화난 걸까? 아니면 주희가 그날 기분이 나빴나? 아니면 내가 부르는 것을 못 들었나?

연습

상황	미주에게 이번 주말 가족들과 놀이공원에 간다고 말했는데, 미주는 이미 소라와 놀이공원에 가서 엄청 재미있게 놀았다면서 자랑하듯 말했어. 늘 자기가 소라와 친하다는 걸 내 앞에서 떠들고 싶어 한다니까. 내가 질투하기를 바라는 거야.
추정의 산물	· 감정: · 생각: · 행동:

의문 갖기	

연습

상황	오늘 아침에 예림이가 나한테 약속이 없다고 말했는데, 애나가 지금 예림이와 영화 보러 간다는 거야. 나랑은 가기 싫었나 봐.
추정의 산물	· 감정: · 생각: · 행동:
의문 갖기	

우리들의 대화 프로그램에서 '솔직함으로 빈칸 채우기' 연습을 한 날, 한 아이가 그동안 자신이 많은 추정 속에서 혼란을 겪었음을 발표하였습니다. 그러면서 친한 친구에 대한 자신의 추정이 배신이었음을 고백합니다. "그 친구를 믿었다면 추정 같은 것이 들어오도록 자리를 내 주지는 않았을 거예요. 그건 제가 친구를 안 믿는다는 뜻이죠. 저는 친구에게 상처를 줬어요. 저는 그 친구를 친구라고 부르면서 믿지 못하고 의심했으니까요. 그런데 그때는 그걸 몰랐죠.

지금이라도 알았으니 다행이고요."

과잉반응 통제법
· 이렇게 말해주세요.
"누구나 실수를 할 수 있단다. 실수를 한다고 해서 세상이 끝나는 건 아니야. 세상에 완벽한 사람은 없어. 이 문제를 어떻게 하면 해결할 수 있을지 얘기해보자."

· 그래도 과잉 반응을 자제하기가 힘들다고 한다면 자신만의 기도나 주문법을 개발하라고 권해보세요. 갈등에 직면한 아이에게 용기를 주고 안정시켜 줄 거예요.

개인적으로 받아들이기

남녀공학이 되면서 바뀐 것 중, 재미난 현상 중 하나는 아이들이 선생님에게 먼저 다가오는 것입니다. 남학생들도 물론 먼저 다가와서 살갑게 말을 걸어주는 아이들이 있습니다. 그러나 대부분 그들끼리 뭉쳐서 큰 소리를 내며 치고받거나 1초라도 더 코트에서 뛰는 데 관심이 있죠. 한 마디로 선생님들에게 별 관심이 없습니다. 오히려 선생님과 우호적인 관계를 갖는 남자아이는 아첨한다고 놀림을 당하기도 합니다. 여자아이들은 달랐습니다. 점심시간에 급식소로 이어지는 데크에 모여 앉아서 '선생님 오늘 예뻐요, 머리 자르셨네요, 옷 잘 어울려요' 등 갖가지 칭찬을 쏟아냅니다. 특히 젊고 멋진 여선생님과 친하게 지내려고 노력합니다. 한 아이는 "댄스동아리 지도 선생님이 공연 끝나고 댄스동아리 애들 몇 명과 영화를 보여주고 밥도 같이 먹었대요. 거기에 같이 갔던 애들이 다녀와서 얼마나 자랑을 하던지…. 좋았을 거 같아요."라고 말했습니다. 학교에서 아이들 사이에서 평판이 좋은 선생님의 초대를 받는다는 것은 여자아이들에게 부러운 일입니다. 덩달아 아이들 사이에서 인기가 올라가는 지름길이 되기도 하니까요.

선생님 입장에서도 아이들과 개인적인 시간을 보내면서 정서적 유대감을 갖는 것은 멋진 일입니다. 아이들이 선생님과 좋은 관계를 맺고 발전시키는 것은 학교라는 사회 안에서 건강한 대인관계를 배우는 데 도움이 될 테니까요. 가르침에 있어서도 좋은 변수로 작용할 수 있습니다. 그러나 아이들이 교사와의 관계를 개인적 친분으로만 이해한다면 부작용 또한 클 것입니다. 선생님이 아이들과의 사적인 부분과 공적인 부분의 조화를 얼마나 잘 이루느냐에 따라 교실에서의 균형이 좌우됩니다. 이러한 안정된 관계는 선생님이 아이들의 수행능력을 평가하고 이에 대한 피드백을 줄 때 구체적이고 솔직함을 갖출 수 있도록 힘을 실어줄 것입니다. 아이들의 능력을 최대한 발휘할 수 있도록 맞춤형으로 주어지는 피드백을 통해서 아이들은 자신을 점검하고 스스로 동기화하여 더 좋은 성과를 얻을 수 있을 테니까요.

남자중학교일 때 있었던 일입니다. 중학교 3학년이었던 태훈이는 작년과 다르게 학업에 관심이 없고 숙제를 해오지 않거나 수업 과제에 소홀한 모습을 보입니다. 그럴 때마다 두어 번 정도 단호하고 무섭게 야단을 쳤습니다. 그러면서 학부모가 화가 나서 전화를 하면 어쩌나, 태훈이가 나를 싫어하게 되면 어쩌나 하는 걱정이 살짝 들기도 했습니다. 그러나 태훈이는 다음번에 바른 자세로 수업에 임했고, 숙제를 완성도 있게 해서 제출했습니다. 심지어 수업이 끝나고 책상 줄을 깔끔히 맞추고 나가면서 인사까지 했고요. 몇 주 후 공개수업 기간에 태훈이의 부모에게서 생각지도 않은 고맙다는 인사를 받기도 했습니다. 아이가 학교 공부에 관심을 갖게 되었다면서요. 제가 소리치면서 혼을 낸 건 아예 모르는 눈치였습니다.

그러나 남녀공학이 된 후, 인상을 쓰면서 정면으로 혼을 내는 이 같은 피드백 방식은 여자아이들에게 스며들기가 쉽지 않다는 것을 알게 되었습니다. 교실이나 체육관에서 실패에 대한 피드백을 할 때 기분 나빠하고 받아들이지 못하는 아이들로 인해 어려운 상황을 맞이하는 선생님이 생기기 시작했습니다. 어떤 아이는 한 학기가 다 가도록 날이 서서 눈도 안 마주치고 아예 말도 하지 않는 경우도 있었으니까요. 이때가 교사로서 여자아이들을 지도하면서 가장 어려운 순간이었습니다. 자신들의 또래 관계에서 발생하는 역학을 선생님과의 상호작용에도 적용하려는 태도를 보이는 때 말이죠. 실제로 선생님들이 여자아이들을 평가하는 문제에서 상당히 조심스럽게 처신하는 것에 대한 염려의 목소리를 듣게 됩니다.

어느 영어 교사의 이야기

아이들이 우리를 묘사할 때 '멋져요, 잘해줘요, 착해요'라는 말에 주의할 필요가 있어요. 교사와 학생이 가르치고 배우는 관계에서 그저 친한 관계로 넘어갈 수가 있거든요. 그렇게 되면 아이들은 피드백을 개인 차원의 갈등으로 해석하게 될 확률이 높아져요. 수업시간 교사에게 침묵하고, 시무룩해지고, 수업에 참여하지 않고, 속상해하기 등의 반응이 나타나요. 믿었던 사람에게 배신당한 사람처럼 울기까지 할 때는 매우 당황스럽습니다. 낮은 성적을 받거나 '좀더 잘해야지'라는 말을 듣고 나서 수업 시간에 불성실한 태도를 보일 때는 어떻게 야단을 쳐야 할지 난감하지요. 작년 같은 경우는 애들이 드세서 그랬는지 모르겠지만 수업 시간에 집단으로 반항하기도 하고, 일 년간 악감정을 표현하면서 다니는 애도 있었어요.

어느 상담 교사의 이야기

요즘 상담하는 유형 중 많은 부분이 아이가 교사의 피드백을 생산적으로 받아들이지 못하고 자신을 괴롭히는 것으로 생각하는 아이들에 대한 거예요. 어떤 아이는 선생님이 자기를 좋아하지 않아서 의도적으로 낮은 점수를 줬다면서 엉터리 교사라는 말도 서슴없이 해요. 복수하고 싶다는 말도 하고요. 그런 모습을 보면 교사를 싸울 때 자기를 억울한 상황으로 내몬 친한 친구와 같은 존재로 보는 것 같아 씁쓸해요.

피드백을 개인적으로 받아들이는 아이들의 생각을 바꾸어서 개선하도록 돕는 것이 얼마나 의미 있는 일인지 알게 된 계기가 있습니다.

지민이는 중학교 2학년으로 작년에 우리 학교를 졸업한 오빠가 있습니다. 어느 날 지민이 어머니에게서 얼마 전 지민이가 치른 역사 수행평가와 관련하여 상담하고 싶다는 전화가 왔습니다. 지민이 오빠를 제 작년 담임한 것에 이어 올해 지민이도 담임을 맡게되었는데, 학급에 관심이 많고 소통이 잘 되는 학부모였습니다. "선생님, 지민이가 역사 수행평가를 망쳤나 봐요. 역사 선생님이 설명해 주신대로 열심히 만들었는데, 친구들보다 낮은 점수를 받았다고 하네요. 아이가 많이 낙담해 있는 것도 그렇지만 다른 것으로 상의하고 싶은 게 있어서요." 지민이 부모님은 지민이가 작년까지는 그러지 않았었는데 요즘 들어 고등학교 진학을 앞두고 하지 않던 말과 행동을 한다면서 걱정합니다. 지민이가 고등학교 진학 준비를 하면서 성적에 민감해지고 예민해지긴 했습니다. "선생님, 저희가 오늘 학교에 온 진짜 이유는 지난번 평가 때에도 지민이가 역사 선생님이 자기를 미워해서 점수를 낮게 주었는데, 이번에도 그랬다면서 선생님 탓을 했기 때문이에요. 그런데 이번에는 기술가정 수행평가도 선생님이 자기를 미워해서 낮은 점수를 주셨다는 거예요. 그래서 실례인 걸 알면서도 직접 선생님과 상의드리고 해결책을 찾고 싶어서 왔습니다. 지민이가 문제를 그런 식으로 해결하면 안 되잖아요."

지민이 부모님은 지민이가 더 높은 점수로 수정되는 것만을 원해서 온 것이 아니라고 했습니다. 지민이가 자신이 부족한 것을 인정하고 선생님들과의 관계를 재정립하도록 도와주는 것이 더 큰 이유라고 했습니다. 지민이 부모님은 선생님의 피드백을 개인적으로 받아들이는 딸의 왜곡된 생각을 바로잡기를 원하고 있었습니다. 그날 저녁 부모님과 성공적인 대화를 한 지민이는 다음 날 선생님들에게 직접 찾아가 정중하게 이의를 제기했습니다. 지민이는 선생님과 이야기를 나눈 후 점수가 수정되는 것으로 기대할 수도 있습니다. 그러나 지민이 부모님은 지민이가 선생님에게 자신의 의사를 정확하게 전달했는지, 충분히 존중받으면서 명확한 대답을 들었는지를 확인하였고, 정당한 대접을 받았다는 것에 방점을 찍었습니다. 며칠 후 지민이 어머니는 지민이가 이번 일로 평가 기준을 파악하는 게 정말 중요하다는 것을 알게 되었고, 많이 성장했다면서 고맙다는 말을 전합니다.

지민이 부모님이 훌륭한 진짜 이유는 지민이가 수업시간에 받은 낮은 점수를 모욕의 의미로 받아들이려 하는 순간을 잘 포착하여 교육의 기회로 삼은 것입니다. 가장 중요한 것은 지민이가 직접 대면해서 대화를 시작하고 이끌어가도록 계획을 세운 거예요. 부모는 뒷전으로 물러나 지원하는 역할을 했습니다. 이로써 지민이 입에서 이번 일로 배웠다 라는 말을 이끌어낸 것입니다. 이건 쉬운 일이 아니예요. 아이에게서 '선생님이 나를 미워해서 점수를 낮게 줬다'는 말을 듣는 순간 부모의 마음은 섭섭함이 눈덩이가 되어 어느새 집채만큼 커지는 건 시간문제니까요.

우리는 지민이 부모님을 챔피언 부모님이라 부릅니다. 우리가 지민이 경우처럼 훌륭한 부모님과 파트너가 될 수 있다면 얼마나 좋을까요? 그러나 그렇지 않은 것이 현실입니다. 대부분 부모는 아이가 과장된 주장을 했다는 것을 알게 된 후에도 인정하지 않는 경우도 많으니까요. "아이에게 지금이라도 열심히 하면 돼. 세부적인 계획을 세워서 다음번 시험에는 성적을 올리자. 안 그러면 원하는 고등학교에 들어가는 것이 어려울 수도 있어."라고 말하면 그날 저녁 전화가 울립니다. "선생님, 우리 아이가 바보 같다고 하셨다던데 맞나요?" 한숨을 삼키며 "아니요. 제가 아이에게 한 말은 그게 아니고, 이거입니다."라고 설명하지만 부모는 선생님의 말을 들으려 하지 않죠. 심지어 "우리 아이가 그러는데 선생님이 자기를 미워해서 점수를 안 준다고 하네요. 아이가 선생님과 대화를 하지 않으려 하니 난감해요. 점수를 잘 받으려면 어떤 방법이 있을까요?" 우리는 종종 불신이 앞을 가로막고 갈등으로 되받아치며 상처를 남깁니다. 부모가 아이의 자존감을 지켜준다는 이유로 결국 아이의 무기력을 야기하고 가르치게 되죠. 학부모가 아이의 감정 대리인이 되는 순간 건설적이고 기회의 피드백은 부정적이고 실패의 피드백이 됩니다. 아이의 성장을 위해 한 편이 되어야 하는 관계가 위험해질 때, 학부모에게 다음과 같이 말합니다.

"아이가 과제를 잘하도록 도와주시고 싶은 거죠? 그럼 먼저 제가 아이의 개인적인 것을 지적했다는 생각에서 벗어나도록 해주세요. 저의 의도는 아이의 성적 추이를 분석해서 다음번에 더 나은 성적을 얻도록 독려하려는 것이었습니다. 아이를 어떻게 생각하고 있는지를 말하는 게 아니었어요. 당연히 아이의 개인적인 특성에 대한 부분을 평가하는 것도 아니었고요. 저의 지적은 아이의 과제와 학업에 대한 것뿐입니다. 부모님이 저를 실패하게 하는 건 쉽습니다. 그러나 아이의 배움까지 실패하게 해서는 안 된다고 생각합니다."

정확한 워딩 파악하기

· 말하는 것 VS 소리치는 것: 아이들은 유난히 목소리 톤에 민감합니다. 적대감이라고는 전혀 없는 말 속에서도 적대감을 느낄지 몰라요. 좋게 들리지 않는다고 해서 심술궂은 말은 아니라는 것을 알려줄 필요가 있습니다.

· 저를 심하게 대했어요: 아이들은 상대방이 자신의 인격을 비난했다는 것에 대한 표현이예요. 이러한 표현에 다음과 같이 물어보세요. "선생님이 너한테 다짜고짜 건방진 애라고 말씀하셨니, 아니면 수업 과제를 좀 더 열심히 하라고 하셨는데 네가 수업 과제에 집중하기보다는 옆 아이와 소곤대는 걸 두고 버릇없다고 하셨어?"

정확한 조사를 하기 위해서는 선생님의 공감력을 최대로 끌어올려야 하겠죠. 그래야 성공할 수 있을 테니까요.

피드백에 반응하는 세 가지 길

지민이 사례는 아이들이 피드백에 어떻게 대처하느냐에 따라 전혀 다른 경험을 하게 된다는 것을 보여줍니다. 이것은 아이들이 상황을 올바르게 해석하는 능력을 키워줘야 한다는 것을 의미하죠. 아이들이 부정적인 피드백에 대처할 때 개인적으로 받아들여 나를 미워해서 이런 점수를 준 거라고 생각하는 것은 앞서 살펴본 '추정하기'와 같은 맥입니다. '우리들의 대화'에서 한 아이는 자신이 잘못했다는 것을 인정하고 싶지 않아서 그 책임을 선생님에게 떠넘기려고 '선생님이 나를 미워한다'고 말하는 경우가 있다고 말합니다. 누군가가 자신을 미워한다고 생각하면 마음 아픈 피드백의 내용을 비껴가게 된다고 생각하나 봅니다. 아이들이 이런 오류를 범할 때 선생님이 너를 미워하지 않고, 너 자체도 멍청하지 않다는 증거를 보여주면서 대화로 풀어나가려 노력합니다. 이때 설교조의 말이 되지 않기 위해 적합한 질문을 하며 정확한 설명과 해결책을 제시하는 것은 도움이 되지요. 때로는 잘못된 믿음에 반대되는 증거와 깊이 있는 공감만으로 어려운 경우도 있습니다. 이럴 때는 정당한 비판과 공격의 차이를 알려주고 건설적이고 생산적인 피드백이 어떤 것인지 알려줘야 합니다. 단호한 어조로요. 비록 그 순간에는 아플 수 있지만 장기적으로 볼 때 비판에 쉽게 동요되지 않는 사람으로 성장하는 데 큰 도움이 될 것입니다.

《필링 굿》*에서는 사람들이 비판을 받으면 슬픔, 분노, 기쁨 중에 하나의 감정을 선택하게 된다고 말합니다. 주의 깊게 살펴보니 아이들도 피드백을 받을 때 '우울하다, 화난다, 기회가 왔다'라는 세 가지 중에 하나를 선택하는 경향을 보이네요. '피드백에 반응하는 세 가지 길'이라는 활동으로 아이들이 어떤 비판 앞에 서든지 건설

---

* 데이비드 D. 번즈 지음, 차익종 · 이미옥 옮김, 아름드리 미디어, 2011

적인 피드백으로 만드는 능력을 키워주곤 합니다.

- 피드백 상황: 정보 수업 선생님의 말씀. "지난번 숙제로 내준
코딩 프로그램을 살펴보았는데 무척 실망스럽다.
설명을 충분히 했다고 생각했는데, 이해하기가 어
려운 거니? 노력이 부족한 거니?"

	첫 번째 길	두 번째 길	세 번째 길
생각	나는 쓸모없고 멍청한 애야	정보 선생님은 나를 미워해, 순 엉터리야	더 배울 기회가 생겼네
감정	우울하다, 슬프다, 불안하다	화가 난다, 실망스럽다	평온하다
행동	포기한다, 스스로 고립된다	다른 애들한테 선생님 욕을 한다, 선생님에게 비난의 눈빛을 보낸다	질문한다
결과	방문을 잠그고 스스로를 자책하며 무기력에 빠진다, 숙제를 하지 않아서 선생님의 추궁을 받는다	며칠이 지나도 화가 안 풀리고 수업태도가 불성실해진다, 정보 성적이 떨어지고, 선생님과의 관계도 나빠진다	선생님이 실망한 것이 무엇인지 알아내어 과제를 보완한다, 자기효능감이 올라가고 기분이 좋아지며 선생님도 만족한다

첫 번째 선택은 우울과 슬픔을 선택한 경우입니다. 선생님이 자신
을 비판한 것이 무조건 옳다고 생각하여 스스로를 비난합니다. 이런

아이는 상황에 대한 분석 전에 잘못은 본인에게 있다고 이미 결론 내립니다. 자신이 실수를 저질렀고, 앞으로도 계속 잘하지 못할 것이라는 잘못된 결론을 내리죠. 이로 인한 결과는 모든 면에서 수동적으로 행동하고 과제를 아예 안 하는 등 악순환이 반복됩니다.

두 번째 선택은 분노입니다. 이 길을 선택한 아이는 선생님이 무언가를 엄청 잘못하고 있다고 우깁니다. 이로써 자신이 실수했다는 공포로부터 벗어나려 하는 거로 보입니다. 자신이 잘못한 것을 인정한다는 것 자체를 거부하는 모습은 지나친 완벽주의를 연상케 하네요. 선생님에게 비난의 화살을 퍼붓고, 부모님에게 선생님 탓을 하면서 해결하려고 하지만 해결되는 것은 하나도 없고 상황은 더욱 안 좋아집니다.

세 번째 선택의 중요한 기준은 자존감입니다. 스스로 자신이 가치 있는 존재라는 생각은 어느 상황에서든 실수할 수 있고, 실수가 자신을 멍청하다는 것을 증명하는 건 아니라는 것을 분명히 아는 것입니다. 이것을 선택한 아이는 혹독한 피드백 앞에서도 문제를 파악하고 검토하려는 의지를 보입니다. 또한 지금 내가 받고 있는 것이 옳은 피드백인가 하는 질문을 스스로에게 던짐으로써 피드백 자체에 대해서도 검점하려 합니다. 옳은 피드백을 기회와 성장이라고 믿으며 그러기 위해 해결책을 제시하는 데 에너지를 투입합니다. 피드백이 잘못되었다면 이를 지적하면 된다는 생각을 하기 때문에 피드백의 처음부터 끝까지 평온한 마음을 유지할 수 있어요.

이것이 챔피언이 되는 핵심 요소라는 것도 잊지 않길 바랍니다.

어떤 아이는 피드백에 상처를 받지만, 어떤 아이는 입에 담기 힘든 비난에도 끄떡하지 않습니다. 왜 그럴까요? 누구나 비판에 대한 두려움이 있습니다. 비판에 당당한 사람은 그러한 훈련을 통해 대처하는 기술을 익혔기 때문일 겁니다. 아이들에게 피드백에 직면했을 때 반응하는 유형을 알려주면서 다음의 말로 마무리합니다.

"여러분의 기분을 상하게 하는 것은 옆에 있는 친구들도, 선생님도, 부모님도 아닙니다. 또한 따가운 피드백 때문도 아니에요. 자신을 무시하고, 깔아뭉개고, 바보로 만들 수 있는 사람은 이 세상에 단 한 사람밖에 없습니다. 바로 자기 자신이죠."

Look Back

그 시절의 나는
- 어린 시절 선생님이 어른들에게서 주로 들었던 비판은 어떤 것이었나요?
- 그것은 도움이 되었나요? 되었다면 그 어른이 피드백을 해 주었던 방식은 어떤 것이었나요?
- 그것은 선생님이 한 일에 대한 비판이었나요? 아니면 선생님이 어떤 사람이냐에 대한 비판이었나요?
- 우리가 집중할 것은 아이들이 어떤 사람이냐가 아니라 어떤 일을 했느냐 라는거 잊지마세요.

암호로 말하기

어느 때는 아이들의 말 한 마디 한 마디, 행동 하나하나가 수수께 끼라는 생각이 듭니다. 우리는 매일 아이들을 보죠. 한 공간에서 같은 시간을 보내며 많은 것을 공유합니다. 그러나 세대가 확실하게 구분되는 구성원들이 자연스럽게 하나가 된 듯 모든 것을 이해하기란 어려운 일입니다. 그럼에도 우리는 아이들의 문화를 알고자 노력합니다. 그 안에서 단지 1년 기약의 뜨내기 여행자가 되고 싶지는 않으니까요. 학부모에게 아이들과 소통할 수 있는 통행증을 제시하며 좀더 전문가다운 모습을 보이고도 싶습니다. 더 중요한 것은 아이들이 어른을 믿고, 자신의 마음을 터놓을 수 있는 위치에 있고 싶기 때문입니다.

점심 후, 몇몇 선생님들과 봄기운 가득한 벚꽃 길을 산책하며 오간 대화가 기억납니다. 아이들과 친하게 지내고 재미있게 소통하는 한 선생님이 선생님들도 게임이나 요즘 TV프로 등을 봐야 한다고 말합니다. 그래야 아이들이 주로 사용하는 언어와 행동을 알게되고 자연스럽게 대화를 잘할 수 있다고요. 그 말에 어느 정도 공감하여 아이들이 즐겨듣는 음악이나 좋아하는 연예인 정보를 알려고 노력했습니다. 그러나 이미 벌어질대로 벌어진 문화 코드를 따라잡기엔 한계가 너무 컸지요. 그러면서 드는 생각이 '같은 문화를 공유하는 것이 아이들의 삶을 온전히 이해하고 온전히 받아들이는 데에 도움은 줄 수 있지만 전부는 아니'라는 거였습니다. 이것은 교사와 학생 간의 소통은 가십을 나누고 장난치며 비밀을 털어놓는 것에서 그치지 말아야 함을 의미해요. 여기서 더 나아가 혼자 해결이 어려울 때 주저하지 않고 SOS 신호를 보낼 수 있는 상대가 될 수 있어야 한다는 믿음입니다. 아이들이 뇌의 필터를 거치지 않고 솔직하게 자신을 드러낼 수 있는 우리만의 공간이 필요합니다. 그것은 신뢰가 바탕이 된 감정 안전지대가 될 것입니다. "선생님은 네 편이야. 너를 지지한다. 네가 어떤 아이여도 나는 있는 그대로인 너를 좋아할 거야."

이후 마음이 한결 편해졌습니다. 거기다가 보너스로 얻게 된 것도 있습니다. 수수께끼 같았던 아이들의 은밀한 사회적 신호가 눈에 들어온 것입니다. 아이들은 그들 세계에 전체적으로 퍼져 있는 행동 규칙들을 서로만 아는 암호로 소통하는 것을 즐깁니다. 자 이제부터 우리는 암호해독가가 될 것입니다. 쉽진 않겠지만 그동안 이해가 안 되었던 외국어 같은 말들을 통역하여 수수께끼를 풀고자 합니다.

암호 1. 자기가 잘난 줄 알아

아이들은 질투나 시기, 경쟁심 영역에서도 은밀하게 서로만 아는 암호로 소통하곤 합니다. 2장에서 살펴본 싸움의 방식처럼 아이들은 경쟁 심리를 교묘하게 감추기 위해 드러나도 괜찮은 방식으로 위장하는 것 같습니다. 이때 아이들이 많이 사용하는 위장전술은 '자기가 잘난 줄 알아'입니다. 경쟁심과 시기심은 표시가 나면 위험하고 불편한 감정이라는 것을 이미 알고 있는 아이들은 이것을 대체하기 위해 은밀하고 간접적인 방법을 선택합니다. '그 애 예쁘지?', '그 애 공부 잘하잖아', '그 애 인기 있는 애랑 어울리더라', '그 오빠가 개를 좋아하잖아, 그래서 질투나' 하는 직접적인 표현 대신 '자기가 잘난 줄 아나 봐'라는 말 뒤로 숨어버립니다. 이 말을 듣게 되는 상황을 한 아이가 말해줍니다. "능력도 안 되면서 수업 시간마다 손들어 대답하고, 조금 예습이라도 한 날이면 신나서 혼자 떠드는데, 그런 근거 없는 자신감은 어디서 나오는 건지 모르겠어요." 이렇게 말하면서 혀를 찹니다. 자기가 소유한 것들을 묵묵히 갖고만 있어도 위험한데 잘난 척하면서 그런 특징을 죄다 드러내니, 비난받는 건 당연하다는 거죠. 가장 위험한 순간은 예쁜데 진짜 예쁜 척을 하고, 똑똑한데 똑똑한 척까지 하는 경우라는 말에 웃음이 나왔습니다. "굉장히 자랑한다고 생각해서 아이들 기분이 엄청 나빠질 거예요. 완전 비상사태죠."

암호 2. 얼굴 부었지?

이 암호의 경우 의미가 다양한 것 같습니다. 첫 번째 의미는 한 아이가 다른 아이보다 한 발 앞섰음을 과시하려는 간접적인 표현으로 이 질문을 자주 한다고 합니다. 서로 얼굴이 부었는지를 수시로 물어보는데, 그게 경쟁하는 방식이라는 거죠. "얼굴이 하나도 안 부은 얼굴 작은 아이가 자기 얼굴 부었는지를 물어보면 그 말을 듣는 내 얼굴은 어떻다는 거겠어요. 내가 얼굴이 크다는 것을 말하는 거잖아요. 한마디로 기분 나쁜 말이에요." 두 번째는 이 말을 함으로써 다른 아이들이 자신을 어떻게 생각하는지 알기 위해 쓰는 경우입니다. 얼굴 부었냐고 묻고 있지만 실제는 전혀 안 부었고 '예뻐 보인다'는 긍정적인 말을 듣고 싶을 때 쓴다고 하네요. 세 번째 의미는 '나 얼굴 부었니?'라는 말로 '자기가 잘난 줄 알아'라는 꼬리표를 차단하기 위함이라는 말에서 아이들이 겸손 테스트를 통과하기 위해 얼마나 애쓰는지 알게 되었습니다. 이 말을 사용하기 위해서 준수해야 할 규칙도 설명해줍니다. "아니야, 너 안 부었어. 너 예뻐. 말도 안 되는 소리야. 얼굴이 부은 건 나야." 한쪽이 자기 비난을 하면 다른 한쪽이 긍정적인 말을 해주는 것은 듀엣의 하모니와 같습니다.

암호 3. Good! Just~

"좋아, 다만"은 이중적 메시지를 담고 있습니다. '좋아, 다만'의 테두리를 잘 지키면 '자기가 잘난 줄 아는 아이'가 되지 않을 수 있기 때문에 이것을 어기지 않으려 애를 씁니다. 허용되는 선을 친절하게 그어놓고, 표시된 선 안에서는 자유롭지만 선을 넘어서면 위험하다는 신호를 매우 신속하게 알려주죠. 의도하지 않았고, 몰랐다 하더라도 그 범위를 조금만 어긋나도 '잘난 줄 아는 아이'가 되는 거라는 것을 아이들은 직감적으로 알아차립니다.

> **공부 열심히 하는 것 좋아. 다만 친구들과의 관계도 좋아야 해.**
> **정직해야 말하는 것 좋아. 다만 친구들 감정을 상하게 하지 말아야 해.**
> **이번 시험에서 점수를 올리는 것 좋아. 다만 너무 자랑하진 마.**
> **자신감을 갖는 것 좋아. 다만 겉으로 드러나지 않게 하는 것 잊지 마.**

이러한 이중적 암호는 '답은 정해져 있고 너는 대답만 하면 돼'라는 일종의 명령처럼 느껴지네요. 답정너의 상황을 알아서 이해하고 행동해야 하기 때문에 더욱 위험해 보입니다.

암호 4. 미안해

아이들의 싸움에서 특이한 현상 중 하나는 미안하다는 말로 갑자기 싸움이 끝나버리는 경우입니다. 메시지를 하거나 중재자 활용하기 등 어떤 방식으로든 미안하다고 전달하면 싸움이 플러그를 뽑아버리는 것처럼 즉각 꺼지는 것은 신기합니다. 아이들 세계에서 일상적이고 자동적이고 즉각적인 멘트인 '미안해'는 휴전협정에서 쓰는 보편적 암호가 되었습니다. 자신은 잘못한 것이 없다고 믿으면서도 자동적으로 미안하다고 하는 아이들의 행동은 양심의 가책에서 우러나온 사과가 아님을 보여줍니다. 공개적인 자신의 이미지를 더 중시하는 거죠. 형식적 사과로 표면적으로는 평화가 오지만 갈등의 원인은 속에서 끓다가 다음 기회가 오면 어김없이 터집니다.

암호는 풀렸지만 마음은 무겁습니다. 아이들은 암호를 왜 설정할까요? 질투심과 무언가를 원하고 갖고 싶은 욕망은 자연스러운 감정입니다. 그럼에도 불구하고 이를 숨긴 채 경쟁하려는 모순에서 암호 만들기가 시작됩니다. 이 순간이 아이들에게 경쟁을 대할 때 좀더 편안해지는 법을 가르칠 가장 적절한 타이밍이라고 생각합니다. 아이들이 더이상 모호하고 위험한 덫 놓기의 피해자가 되지 않도록 간접성과 이중성 문화에 젖어들지 않도록 모두가 윈-윈 하는 전략으로의 방향 틀기를 시도해봅니다.

건강한 관계 맺기 룰

· 진실과 우정이 상충한다면 우정을 포기하세요.

 - 정직이 우선입니다. 진실이 없는 우정은 빈껍데기와 같으니까요.

· 인생에서 우정은 수많은 관계 중 하나입니다.

 - 모두와 잘 지내야 하는 것은 아니에요. 이런 기대는 앞으로 많은
   관계 맺기를 왜곡되게 할 것입니다.

· 모든 사람이 자신을 좋아하는 것은 아니에요.

 - 자신도 모든 사람을 좋아하지 않는 것처럼, 모든 사람과 친해야
   되는 것은 아닙니다. 하지만 모든 사람을 존중해야 한다는 것은
   잊지 마세요.

팻 토크

"나 너무 못생겼어. 너무 뚱뚱해."

"으, 나 너무 추하다."

"오늘 나 꼴이 좀 아니다."

"난 어떤 옷을 입든 다 뚱뚱해 보여."

하루에도 자기 외모를 비하하는 여자아이들의 말을 또래들은 수 없이 듣습니다. 특히 화장실에서 떼 지어 자기를 비하하는 소리는 안 들릴 때가 거의 없는 것 같아요. 이렇게 무의식적으로 내뱉는 자기혐오의 언어를 '팻 토크'라고 부릅니다. 아이들은 이걸 통해 무엇을 얻는 걸까요? 아이들 사이에서 팻 토크가 끊이지 않는 이유는 서로 가까워질 계기가 되기 때문입니다. 어색함을 깨고 대화를 시작하는 인사말 같은 거죠. 때로는 칭찬으로 시작합니다. "한 아이가 '나도 너 정도면 소원이 없겠다' 같은 말을 하면, '난 너처럼 얼굴이 하얬으면 좋겠다'라고 대답해요." 이러면서 가짜 친밀감이 형성되는 것 같습니다. 그게 뭐가 대수냐고 말할 수도 있을지 모르겠네요. 그러나 이런 대화는 실제 해롭습니다. 팻 토크를 주고받으며 기분이 좋아질지는 모르지만 실제 자기 만족도는 낮아질 테니까요. 대수롭지 않게 하는 말 같아도 팻 토크는 습관적인 자기 모욕입니다. 더 큰 문제는 팻 토크가 필수라고 생각하는 경향입니다. 이러한 팻 토크는 여성들 사이에 평생 지속되는 것 같습니다. 자, 이제 우리 어른들이 스스로에게 질문할 차례입니다. 팻 토크를 얼마나 자주하는지, 아이들에게 전염시키지는 않았는지요.

나의 팻 토크 중독 체크리스트

- 어떤 음식을 얼마나 많이 먹었는지 얼마나 자주 말하는가?
- 운동을 얼마나 많이 했는지, 또는 많이 못했는지 얼마나 자주 말하는가?
- 자기 몸 어디가 부족하다거나 남의 몸이 부럽다는 말로 타인과 공감대를 형성하려 하지 않는가?
- 당신보다 나은 타인의 몸 이야기를 얼마나 자주하는가?
- 친구에게 자신이 얼마나 두렵고 자신 없는지를 솔직하게 말하기보다 살찐 것 같은 기분이라고 말한 적이 있는가?

이 모든 것이 팻 토크에 속합니다. 저도 이걸 알고 매우 뜨끔했습니다. 아이들이 다 보고 듣고 있습니다. 어른들부터 입을 다물어야 합니다. 여자아이들 사회생활의 암묵적 규칙 중 하나가 바로 '팻 토크로 겸손을 보인다'는 것입니다. 그러니 더욱 목소리 내서 직접적으로 말하는 것이 좋겠습니다. "이제 팻 토크를 그만하기로 결심했어. 남들과 팻 토크를 주고받는 것도 하지 않고 싶어. 네가 그런 식으로 자신에 대해 말하는 것을 들으면 기분이 안 좋아. 나는 팻 토크가 우리 모두에게 상처가 된다고 생각해."

이 결정은 건강상의 문제를 넘어서 도덕적이고 양심적인 행동입니다.

5장

/

마지막
비상구

To don't List

앞선 이야기들처럼 아이들은 대부분 비슷한 싸움의 과정을 거칩니다. 경고 없이 전쟁이 선포되는 것으로 시작해서 동맹이 결성되고, 간접적이고 관계적 공격이 전개됩니다. 그러다 별안간 사과하기라는 절차를 거치면서 싸움이 종료되는 과정을 지켜보았습니다. 곧이어 표면적으로는 평화가 오지만 싸움의 끝은 또 다른 시작이 되는 것도요. 그러나 아이들의 모습에서 가능성을 보는 것은 자연스럽게 매끄러운 싸움을 선택하면서도 우리가 다른 대안을 제시했을 때 용기를 내려 노력한다는 점입니다.

아이들이 갈등을 좀더 편하게 받아들여야 합니다. 자신들의 거친 부분들을 다루어 봄으로써 아이들은 갈등 자체가 나쁜 것이 아니고 이를 통해 더 건강한 관계로 나아가는 발판이 된다는 것을 배우게 될 것입니다. 또한 자신의 불편한 감정을 표출하고 다루는 건설적인 기회를 얻게 될 거고요.

  그동안 아이들과 관계에 대해 많은 대화를 나누고 조언을 하였습니다. 아이들의 이야기는 진상을 파악하는 것조차 어렵고 복잡한 것에서부터 너무 황당하여 '뭣들 하는 거야!' 하고 소리를 질러 끝내버리고 싶은 것에 이르기까지 다양하고 많지만, 결국에는 하나로 좁혀집니다. 제시된 해결책은 갈등을 겪는 그 아이와 직접 마주해야 한다는 것입니다. 아이들은 직접 얼굴을 보고 진실을 말해야 한다는 말에 아연실색합니다. 힘들이지 않고 갈등을 해결할 수 있는 마법을 기대하고 왔다가 실망한 사람처럼 표정은 어두워지고 흔들리는 눈 속에 두려움이 올라옵니다. 아이에게 그런 마법을 부릴 수는 없지만 어떻게 해야 하는지를 알려주는 지도가 있다는 것을 보여주고 안심시킵니다. 이제부터 네가 할 일은 진실을 말할 용기를 내는 거라는 말도 잊지 않습니다.

  우선 갈등을 해결하고자 마주한 아이들이 미션을 잘 수행하는 데 지침이 되어 줄 참여 규칙을 안내하는 것으로 시작합니다. 이 규칙은 아이들이 서로 각자의 말을 공정하게 하고 들어주기 위한 하나의 도구입니다.

List 1. 과거의 갈등 들먹이지 않기

  어린이날 소은이는 교육대학교에서 초등학교 대상으로 교육 재능기부를 하고 집에 돌아가려고 버스를 타려는 순간 화가 나기 시작했어요. 동아리 아이들과 함께 활동을 한 날은 집이 같은 방향인 아이들은 같이 버스를 타고 돌아가곤 했습니다. 이날도 소은이는 당연히 그중에서도 친한 지우와 같은 버스를 타고 집에 갈 거라 생각하고 있었는데, 지우가 갑자기 명동에 가야 한다면서 다른 아이와 함께 가버리는 겁니다. 다음 날 지우는 소은이에게 이렇게 말합니다. "그만하시지. 너도 지난번 축제 기간에 나를 학교에 그냥 냅두고 다른 아이들과 가버렸잖아. 그거 기억하지? 그날 혼자 얼마나 외롭게 집에 갔는지 아니? 너는 그렇게 해도 되고 나는 하면 안 되는 거야? 어제는 너랑 같이 가줄 애도 있는데 왜 난리야?"

아이들은 싸울 때 지난 일을 들추는 행동을 자주 합니다. 그러는 이유는 무엇일까요? 아이들이 과거의 갈등을 들먹일 때는 싸움의 결정권을 갖고 통제하기 위해서입니다. 상대 아이에게 문제가 있더라도 들먹이지 않는 게 좋을 거라는 암시를 주는 거죠. 그동안 소은이가 행한 것들을 모두 수집한 전과 기록 노트가 있으니, 입을 잘못 열었다가는 그걸 펼쳐서 상대를 무력화시키겠다는 작전입니다.

To Do : 지우는 과거 일을 들먹이지 말고 소은이가 지금 갖는 불만에 직접 대응해야 한다. 소은이가 예전에 지우에게 똑같이 한 행동을 언급함으로써 소은이의 불만 자체를 무의미하게 만드는 것은 옳지 않다.

List 2. 갈등에 제3자 끌어들이지 않기

소은이는 포기하지 않고 계속 말합니다. "당연히 난 너랑 같이 갈 거라 생각했단 말이야. 미리 말을 해주든가 했어야지. 넌 나를 두고 그렇게 가지 말았어야 해." 지우도 이유가 있었습니다. "갑자기 결정된 일이야. 너를 찾았는데 안 보였단 말이야. 미나도 네가 안 보였다고 했어. 네가 우리에게 인사도 안 하고 가버린 건 잘한 거니?" 지우는 갑자기 미나를 끌어들임으로써 소은이에게 이런 메시지를 전달합니다. '네가 지금 나한테 싸움을 거는 거니? 이랬다가는 나의 친구 모두와 싸우게 될 텐데, 조심하는 게 좋을걸. 안 그래도 너에 대해 얘기해봤어. 걔네도 너에 관한 안 좋은 얘기를 하던걸.'

To Do : 지우는 소은이와의 대화에 다른 제3자를 끌어들이지 말고 소은이와 단독으로 만나야 한다. 일대 일에서 일대 이가 되는 갈등상황은 공정하지 않다. 이런 경우 너무도 쉽게 뒷담화를 했다고 의심하게 되고, 긴장하며 방어적이 되기 때문이다.

List 3. 공개적으로 울지 않기

지우는 울기 시작했고 소은이가 지우를 다독입니다. 지우가 갑자기 화장실로 달려가서 눈물을 닦습니다. 곧 다른 아이들이 다가와서 지우를 위로합니다. 지우의 갑작스런 울기는 소은이로 하여금

지우를 위로하게 만들었고 갈등 상황만 키운 채 대화가 중단되는 결과를 가져옵니다. 지우처럼 싸우는 상황에서 공공연히 우는 것은 다음을 말하는 것과 같습니다. '나를 비난하지 마. 내 편이 더 많다는 것을 곧 보여줄 거야. 그럼 넌 곤란해질 텐데. 조심하렴. 난 잘못한 것이 없어.' 이로써 싸움은 시작도 못 하고 소은이가 불만을 가지고 있다는 것만 확실히 한 채로 막을 내리게 됩니다. 소은이와 지우가 문제를 해결하기 위해 끝까지 이야기할 수 없는 상황이 되어버린 거죠.

> To Do : 지우는 소은이와의 대화가 버겁고 힘들 수 있다. 그럴 때에는 속으로 심호흡을 크게 한 후, 혼자 대응하는 연습을 해보자. 공개적 장소에서 우는 것으로 다른 아이들에게 위로를 받을 때보다 훨씬 좋은 결과를 얻을 수 있을 것이다.

아이들이 친한 친구들과의 갈등 속에서 배우는 것들은 학교에서뿐만 아니라 앞으로 사회와 일터에서 어떻게 타협하고 해결해 나가는지에 대한 본보기가 될 것입니다. 아이들이 자신감을 갖고 갈등을 해결해나가는 사람으로 성장하기를 원하는 이 순간이 선생님이 개입할 때입니다. 우리의 도움이 아이들에게 큰 힘이 될 것입니다. 우리는 그저 아이들이 존중의 대상이 되도록 자기주장 행위를 격려하고 관계를 정직함으로 채울 수 있는 용기가 필요함을 이해시키면

됩니다. 따라오는 보상은 아이들이 배움에 집중할 수 있는 안전한 환경이 자연스럽게 조성되는 겁니다.

Honey Tip

짜증나 금지법

· 아이들이 화가 나도록 한 사람에게 "짜증나."라는 말을 사용할 때 는 즉각적으로 "어떤 것이 짜증나?" 라고 반드시 물어보세요. 이 유는 짜증이 날 때는 그만한 이유가 있고, 그 이유를 알아야 상대 방의 짜증나는 행동이 무엇인지 알 수 있기 때문입니다. 하루에 도 한 사람으로 인해 짜증나는 이유가 백 개도 넘을 수 있다는 것 을 상기시키세요.

무대 위 배역 찾기

이번에 소개할 갈등 해결 도구는 또래그룹 내에서 갈등 상황이 발생하게 될 때마다 맡게 되는 각자의 역할을 알게 하는 데에 목적 이 있습니다. 아이들은 갈등이 일어날 때마다 배역을 맡게 됩니다. 저마다 배역을 맡게 된 이유와 배경이 다르겠지만 갈등 상황마다 매번 같은 배역을 맡을 수도 있고, 그렇지 않을 수도 있을 거예요.

이것은 매번 같은 배역을 맡게 된다면 그 이유는 무엇인지, 맡은 배역이 불편하다면 왜 그런지 등을 생각하며 한 발짝 떨어져서 상황을 전체적으로 조망해보기 위함입니다. 주어지는 상황 안에서 수동적으로 주어지는 배역에만 집중하기보다는 아예 새로운 배역으로 바꿔보는 것도 재미있습니다. 좀더 나아가 지금의 상황과 비교하며 모두가 승자가 되는 갈등 해결 시나리오로 새롭게 쓰는 것도 도움이 될 거예요.

아이들의 갈등 상황에서 어김없이 등장하는 주연은 도망자와 추격자입니다. 추격자는 또래그룹에서 밀려나는 것을 두려워하며 이 관계를 놓치지 않으려고 계속 따라다닙니다. 주로 무조건 사과하기, 선물하기, 재미있는 이벤트 계획하기 등으로 아이들의 마음을 사고자 애쓰는 역할을 합니다. 때로는 자기가 고칠 것이 무엇인지 알려달라고 애처롭게 말하기도 합니다. 도망자는 추격자를 피해야 하는 역할입니다. 혼자 도망 다니기보다는 주위의 다른 배역들과 함께 그룹으로 움직여요. 그렇기 때문에 외부에서 볼 때는 누가 진짜 도망자인지 정확히 드러나지 않습니다. 갈등의 마지막에 가서야 모습을 드러낼 때도 있어요. 재미있는 것은 도망자를 따라다니는 나머지 아이들이 왜 도망가는지 모른 채 휩쓸린다는 거예요. 자신들이 도망 다니는 이유를 추격자 탓으로 돌리기도 하죠.

조연 중에 조수와 중재자, 씬스틸러는 비중 있는 역할을 합니다. 행동대장의 역할을 하는 조수는 갈등 상황이 자신과 직접적으로 관련이 없고 정확히 파악하지 못하면서도 갈등의 전면에 섭니다. 이런 역할을 하게 된 것은 조수가 원해서이기보다는 누군가에게 떠밀려서 그 자리에 서게 되는 경우가 많습니다. 중재자는 갈등을 통제하면서 힘의 균형을 맞추는 역할을 맡습니다. 이들은 아이들보다 좀더 넓은 시야를 갖고 갈등이 어떻게 진행되고 있는지 정확히 파악합니다. 적극적으로 나서기보다는 조용하게 자신을 드러내지 않고 중재지의 역할을 수행하죠. 조수가 갈등을 증폭시키는 역할이라면 중재자는 갈등이 일정 수위가 넘어가지 않도록 노력합니다. 갈등 촉진자는 특별한 의도를 가지고 한 것은 아니지만 추격자에 대한 불만을 밝히고 불편한 감정을 솔직하게 드러냅니다. 이로써 갈등은 촉발되고 추격자와 도망자의 추격 씬이 시작되는 거죠. 비중 있는 배역은 아닐지라도 갈등 촉진자의 한마디가 갈등을 수면 위로 올려 이슈가 되는 점에서 중요한 역할을 하는 셈입니다. 씬스틸러는 한 마디로 평판이 안 좋은 아이가 주로 맡게 됩니다. 아이들은 갈등 상황에서 갈등과 직접적 관련이 없음에도 불구하고 씬스틸러의 눈에 띄는 행동을 지목하고 갈등의 원인으로 몰아갑니다. 씬스틸러 배역이 주어지면 아이들의 좋지 않은 시선을 받고 아이들 사이에서의 문제아가 되는 거죠. 조수, 중재자, 씬스틸러 조연들은 주연들의 갈등을 지켜보면서 감정이입을 합니다. 그걸 통해 과거 관계에서의 상처를 다시 경험하고 자신이 받은 상처를 다시 되돌려주기 위해 노력합니다. 그러면서 다음 무대에서 조연들과 배역이 바뀌는 경우가 많습니다.

감초는 갈등 상황을 장난으로 포장하는 역할을 맡습니다. 때로는 갈등의 긴장을 깨고 장난스러운 분위기를 만드는데, 이렇게 함으로써 갈등이 적극적으로 해결되는 것을 방해하는 역할인 거죠. 감초가 제 역할을 잘 수행하는 통에 추격자는 정색하고 따지지 못하고 자기의 탓으로 돌리는 굴레에 갇히게 됩니다. 엑스트라는 무대 위 배역이기는 하지만 특별한 역할을 하는 것은 아닙니다. 그러나 그룹의 눈치를 보는 도망자의 일원인 것은 분명합니다.

무대를 기획한 연출자는 아이들 사이의 관계를 잘 파악합니다. 민감한 부분을 자극해서 추격자가 행한 규칙 위반 사항을 계속 환기시킵니다. 동시에 갈등촉진자와 조수를 캐스팅하고 추격자에 대한 아이들의 감정을 조사하면서 분위기를 몰아가지요. 연출자가 원하는 것은 자기가 속한 그룹이 갈등 상황에서 힘의 주도권을 갖는 것입니다. 이를 위해 그룹을 지지하는 아이들을 많이 포섭합니다. 추격자의 힘을 약화하는 도중에 추격자와의 관계도 조심스럽게 유지하는 치밀함을 보입니다. 자신의 이런 모습이 드러나지 않게 주의하며 그룹과 학교 규칙 간의 사이를 잘 살피다가 갈등상황이 너무 커질 것 같으면 재빠르게 사과를 하여 갈등의 풍선을 뺍니다. 그리고 조용히 다음 무대를 준비하지요. 얼핏 보기에 도망자가 힘을 갖는 것처럼 보이지만 실제 상황을 통제하는 것은 연출자입니다. 관객은 주연, 조연, 연출자 외에 이 갈등 상황에 직접적 관련 없이 지켜보는 아이들입니다. 이들은 상황에 대한 배역들의 연기를 평가하며 열렬한 반응을 보내기도 하고 별 관심을 두지 않기도 합니다. 연출자는 갈등이 관객에게서 좋은 반응이 있을까 없을까 저울질하다가 관객 없는 무대를 만들기도 하죠. 관객의 역할이 빛을 발하는 순간은 갈등 이후입니다. 관객은 갈등의 시작부터 종료될 때까지 지켜보기도 하고, 아예 무대 자체가 있었다는 것조차 모르는 경우고 있습니다. 어떤 상황이든지 갈등 이후 달라진 아이들의 관계도를 확인하며 평점을 답니다. 최종판결자는 갈등 상황 중에 갑자기 등장하여 이야기의 흐름을 종결시키는 역할을 합니다. 최종판결자는 주로 클라이막스에 등장하는 경우가 많은데, 제가 가끔 등장하여 아이들을 야단치면서 갈등이 중단되는 경우가 해당될 것 같습니다. 또는 이 사건과 관련이 없던 아이가 갑자기 나타나 더이상 견디기 힘들다면서 절교 선언을 하기도 합니다. 이런 경우 갈등이 바람 빠진 풍선처럼 꺼져버리죠. 어떤 경우든 갈등 최종판결자의 등장으로 갈등 상황이 끝나는 것처럼 보이지만 끝난 것이 아닙니다. 앞으로 새로운 연출자를 기다리는 사이에 갈등은 전혀 예상치 못한 방향으로 번지며 새로운 국면을 맞이하기도 하니까요.

아이들은 이 활동에 많은 흥미를 보입니다. '맞아, 맞아' 하면서 흥분을 감추지 못하지요. 갈등 상황이 오면 우선 '이번 연출자는 누구야? 배역들 캐스팅은 잘되었나? 지금은 어느 장면을 찍고 있지?'라는 질문에 눈이 초롱초롱해집니다. 일부 아이들은 숨기고 싶은 사생활을 들킨 양 당황해요. "못되게 굴지 마. 너 이런 아이였니? 입장 바꿔 생각해봐." 이런 말은 아이들을 방어의 갑옷으로 무장시킵니다. 갈등 해결의 주체인 아이들이 스스로 갑옷을 벗도록 해야 합니다. 비열로 가는 문을 선택하지 않도록 해야 합니다. 아이들은 선생님이 다 알고 있다고 생각하는 순간 달라지더군요. '숨겨봤자 다 알고 있다'고 허를 찌르는 방법이 아이들에게 꽤 긍정적으로 스미는 것을 보았습니다. 오늘도 아이들은 무대를 만들기 위해 종횡무진으로 다니고 있어요. 여러 개의 배역을 동시에 맡기도 하고 배역의 소화를 순차적으로 꽤 잘해내는 아이들을 보면서 속으로 올해의 주연상, 조연상, 씬스틸러상, 감독상을 선정해보기도 합니다.

원인제공 파악하기

아이들은 반박합니다. 이야기하기가 쉽지 않다는 겁니다.

"선생님은 우리가 갈등에 숨지 말고 자신감을 갖고 직접 말해야 한다고 말씀하시지만 그게 얼마나 힘든 건지 모르실 거예요. 제가 조심스럽게 문제에 대해 이야기를 하려고 하면 버럭 화부터 낸다니까요. '아니야, 아니란 말이야!' 하고 소리치고 제가 다시 말을 하려 하면 말을 가로막고요. 그런 거에 대응하기란 정말 어려워요. 심장은 막 두근두근 뛰고 어떤 말을 이어나가야 할지 모르겠어요."

"저도 갈등을 있는 그대로 보고 일대일로 만나서 진지하게 얘기하다 보면 해결될 거라는 말씀에 동의해요. 엄마도 그렇게 말씀해 주셨기 때문에 초등학교 다닐 때는 속상하고 화가 나는 일이 있을 때마다 그 친구에게 직접 얘기하려 했어요. 풀고 싶었거든요. 그런데 그럴 때마다 저에게 돌아오는 건 욕설과 비아냥거리는 말뿐이었어요. 사차원이고 이상한 애라고 취급하면서 따돌림 당했고요. 중학교에서는 그러지 않으려고 엄청 노력하는 중이에요."

중학교를 졸업해서 고등학생이 되어도 이런 문제는 사라지지 않습니다.

"선생님, 고등학생이 되면 달라질 줄 알았는데 그런 애들은 어딜 가나 있어요. 중학교에서 배운 대로 저는 정직한 싸움을 하려고 노

력하는데 아이들이 계속 제 말을 가로막아요. 제 생각을 표현하고
싶은데 하고 싶은 말을 못 하게 되는 거예요. 제가 한마디라도 하면
'난 안 그랬어, 아니라니까!' 하고 빠져버려요. 그런 것들에 좌절하
게 돼요."

이런 고민을 이야기하는 아이들의 반대편에는 한끝 차이로 매번
부인하기를 반복하는 아이들도 있습니다. 이 아이들의 이야기를 들
어보죠.

"제가 그렇게 한 건 맞아요. 그렇지만 인정하기가 쉽지 않죠. 저
를 지키고 싶거든요. 그걸 인정하는 순간 제 평판은 나락으로 떨어
질 게 분명하잖아요. 어차피 정직해도 못되었다는 소리를 듣는 건
피할 수 없어요."

"제가 한 일을 저도 알죠. 그렇지만 그거에 대해 다른 아이가 불
만에 가득 찬 표정으로 말을 걸어오면 나와 싸우자는 걸로 받아들
이게 되요. 그래서 다짜고짜 화를 내게 되죠."

이런 아이들이 자신의 위치를 잃지 않기 위한 선택은 To Don't
List의 첫 번째 규칙에서 본 바와 같이 상대 아이의 과거 잘못을 폭
로하는 것입니다. 상대 아이가 과거에 했던 일에 대해 미안하게 만
듦으로써 상황을 어느 정도 공평하게 만들자는 의도라고 할 수 있
겠네요. 또 다른 선택지는 비난을 피하기 위해 To Don't List의 두

번째 규칙과 같이 다른 아이들을 자기편으로 끌어들이는 겁니다. 자기편이 있는 아이는 잘못했어도 자기주장에 무게가 실리고, 결국 체면을 잃지 않으면서 상황을 모면하게 된다는 공식이 적용되고 있습니다. 그러고 보니 또래 그룹에서 높은 지위를 차지하는 아이들이 대부분 이런 것들을 매끄럽게 잘 처리해내는 아이들이었네요.

아이들은 점차로 이런 반응들이 상식적이라고 받아들이는 것 같습니다. 그러면서도 서로 정직하고 대등하게 대해야 문제가 해결된다는 믿음 또한 저버리지 않는 아이들에게 공감의 눈빛으로 이렇게 물어봅니다.

"갈등과 정직하게 마주하기 위해서 서로에게 바꿀 것들을 말해줘야 한다면 어떤 것을 말해주겠니?"

이 질문에 대한 대답은 표현은 달랐지만 같은 것을 말하고 있었습니다. 그것은 상대 아이가 시큰둥하거나 방어적으로 반응하지 말고 자신의 말을 그저 잘 들어줬으면 하는 것이었습니다. 그렇게 되면 상대 아이 눈치를 보지 않으면서 자신 있고 편안하게 말할 수 있을 거라면서요. 아이들의 바람은 작은 가르침으로 가능해 보입니다. 대부분의 갈등에는 너와 나 모두가 어느 정도 원인을 제공한다는 전제를 주고, 갈등의 문제에서 그들 각자가 어떤 원인을 제공했는지 찾아보도록 하는 겁니다. 무대 위 배역 찾기에서도 알 수 있듯이 여자아이들의 갈등 과정은 어느 한 명이 책임지기 어렵고 책임이 분산되는 구조입니다. 이런 면에서 각자의 충실한 원인제공으로 갈등이 꼬이고 더 키운 데 대한 책임이 서로에게 있다는 것을 알려 주는 것은 아이들 사이의 갈등을 조정할 때 큰 도움이 될 것입니다.

Honey Tip

주의할 점

· 문제 상황에서 원인제공을 적용하지 않아야 하는 경우가 있습니다. 어떤 아이가 아무 이유 없이 괴롭힘과 집단 따돌림을 당하는 경우가 여기에 해당됩니다. 이유 없는 괴롭힘을 당하는 아이는 문제가 발생한 것에 대한 원인제공의 책임이 전혀 없으니까요.

· 원인제공에 대해 말할 때 설명과 변명을 구분해야 합니다. 책임을 지거나 사과를 할 때 자신이 한 행위를 설명하여 이해시키려는 것이 아니라 다른 사람을 언급하여 자신의 행동에 대한 이유를 대는 것은 변명입니다. 변명의 유혹에 빠지면 자신의 행동이 정당하고 아무 잘못이 없다는 것으로 비추어져서 원인제공의 힘이 약해집니다. 이를 주의해서 구분해야 합니다.

건강한 갈등해결, SEEK 전략

갈등을 해결하려면 서로 대화를 해야 합니다. 여기서는 갈등 상황에서 아이가 어려운 대화에 임할 때 유용하게 사용할 수 있는 도구를 소개하려 합니다. 이 도구를 잘 익힌다면 자신의 말을 부정당하는 경우나 화를 내며 방어적이 되는 상대에게 일대일로 맞서야 할 때 많은 도움이 될 것입니다. SEEK 전략은 아이가 생각하는 것을 명확하게 해주고, 다른 아이에게 말하려고 하는 내용과 방법을 분명하게 잡아줄 것입니다.

Stop & Support : 멈추고 지지하기
• 하던 일 멈추기, 심호흡하기, 관계에 대해 긍정적으로 말하기

Explain : 설명하기
• 구체적 문제 설명하기, 진실 된 감정 말하기, 원인제공 설명하기

Exchange : 교환하기
• 해결방법 나누기, 필요한 것 요구하기, 할 것 제의하기

Keep or Log out : 유지하거나 끝내기
• 우정을 유지하거나 관계 끝내기

S단계는 하던 일을 멈추고, 관계에 대해서 긍정적인 말을 함으로써 상대를 지지하고 있음을 표방하는 단계입니다. 대부분이 이번 갈등으로 관계가 끝날 거라고 이미 생각하고 있어 처음의 이 단계가 중요합니다. 지금은 힘들더라도 이 대화로 인해 곧 어둠이 걷힐 가능성을 보여주어 부드러운 분위기를 유지하는 데 활용합니다. 화가 많이 났을 때, S만을 시도해도 대단한 것임을 상기시킵니다. 다음 날에는 E를 시도할 수 있도록 S가 이끌 가능성이 크니까요.

E단계는 우리들의 문제를 구체적으로 밝히는 단계로 육하원칙에 입각해서 명확하게 설명해야 합니다. 이때 시작을 I-메시지로 하여 진실된 자신의 감정을 분명히 드러내면 도움이 됩니다. 이어서 자신이 갈등에 어떤 원인을 제공했는지 인정합니다. 어떤 부분에서 문제를 더 크게 했고 증폭시켰는지를 솔직하게 이야기함으로써 투명성에 힘이 실릴 것입니다. 이 단계는 상대의 말을 듣기보다는 자신이 준비한 말을 모두 할 수 있도록 해야 하며 시간이 좀 걸리더라도 조급해지지 않도록 침착함을 유지하는 것이 관건임을 꼭 알려주세요.

E단계는 함께 해결 방안을 논의하는 단계입니다. 갈등 해결의 목표를 세우고 그것을 달성하기 위해서 해결책을 제시합니다. 이때 상대가 어떻게 생각하는지 무엇을 원하는지를 정확히 파악하기 위해 잘 물어봐야 하는데요, 아이들은 종종 상대의 말을 경청하고 파악하는 것보다 자신의 요구를 말하는 것을 어려워합니다. 너무 걱

정할 필요는 없습니다. 연습을 통해 익숙해질 수 있으니까요. 자신이 상대에게 원하는 것을 분명히 말하고 앞으로 어떤 것을 하겠다고 자신 있게 제의하는 모습을 상상하는 것도 도움이 됩니다. 이 단계에서는 주고받기, 이 두 가지를 동시에 잘해야 한다는 것을 꼭 명심하도록 해주세요.

K 단계는 마무리 단계로서 갈림길을 의미합니다. 서로가 원하는 방향으로 갈등이 잘 해결된다면 더욱 견고해진 우정을 얻게 될 거예요. 그렇지 않다고 해도 너무 걱정할 필요는 없습니다. 잠시 후퇴하는 것도 도움이 되니까요. 이후에도 상대 아이는 예전처럼 변덕스럽거나 비열한 행동을 할 수 있습니다. 그럴 때마다 다시 냉각기를 갖거나 로그아웃을 권하면 좋겠습니다. 어떤 것을 선택하게 되더라도 이 과정을 통해 건강한 갈등 회복 능력이 향상됩니다.

연습하기

• 상황 : 주희와 애나는 초등학교 때부터 친구다. 중학교에 와서도 같은 반이 되어 둘은 너무 좋았는데, 어느 날부터 애나가 민아와 더 많은 시간을 보내기 시작했다. 주희는 여전히 애나를 만났지만, 이전만큼은 아니었다. 그러다가 둘만의 눈빛이 오가는가 싶더니 아니나 다를까 둘이 얘기하다가 주희가 다가가면 입을 닫는 것이었다. 주희는 삼각관계에서 자신이 따돌림을 당한다고 생각했다.

주희는 걱정되고 불안한 마음으로 며칠을 보냈다. 점심 시간, 애나와 민아가 테이블에 같이 앉아 있는 걸 본 주희는 보현이와 그 맞은편에 앉았다. 주희는 보현이와 유쾌하게 떠들며 애나와 민아는 안중에도 없다는 듯 행동했다.

주희는 애나에게 말해야 합니다. SEEK 전략을 사용하면 말하는 데 도움이 됩니다.

1. Stop & Support: 멈추고 지지하기

주희는 먼저 심호흡을 크게 하고 애나에게 다가갑니다. "애나야, 우리의 우정은 정말 소중해. 그리고 나는 너를 좋아해."

2. Explain: 설명하기

"나는 우리가 예전만큼 친하게 지내지 못하는 것 같아서 속상해. 얼마 전까지 매일 점심을 같이 먹고, 학교에 올 때도 교문 앞에서 기다렸다가 만나서 같이 올라왔잖아. 이제는 더이상 그럴 수 없어서 슬퍼. 사실 너와 민아가 둘이서만 말하는 모습을 볼 때 나만 소외되는 것 같아서 불안했어. 어제 점심시간에 보현이와 밥을 먹으며 아무렇지 않게 한 건 너희들 없어도 잘 지낼 수 있다는 걸 보여주고 싶어서 그랬던 거야. 그건 진심이 아니었어."

3. Exchange: 교환하기

"나는 우리 둘의 우정을 지키고 싶어. 다른 친구들과도 함께 친하게 지내면 더 좋겠어. 네가 민아와 단둘이 보내고 싶은 시간이 필요하다면 난 존중할 거야. 이번 주에는 재미있는 얘기하면서 같이 밥을 먹었으면 좋겠어. 혹시 나에게 서운한 것이 있었니? 그렇다면 알려줘. 지금 얘기해 줘도 좋고, 다음에 알려줘도 돼. 앞으로는 서운한 것 이 생길 때마다 얘기해주자. 겹겹이 쌓이기 전에 말이야."

4. Keep or Log out: 유지하거나 끝내기

애나는 주희의 진심을 받아들이고 더 견고한 우정을 쌓게 될 수 있습니다. 애나가 민아와만 친하게 지내겠다고 하면 이것은 좋은 신호입니다. 애나도 직접 말하는 것을 배웠기 때문입니다. 이럴 경우는 주희가 말한 대로 애나의 경계를 존중할 필요가 있습니다. 그러나 주희의 말에 반격하고 뚱한 표정을 짓거나 자신의 행동을 부인할 가능성도 높습니다. 또는 애나가 동의를 하면서도 여전히 같은 태도를 보인다면 주희는 애나와 거리를 두고 아예 관계를 단절하는 것도 하나의 선택입니다. 이럴 경우에도 SEEK 전략 이 실패한 것은 아닙니다. 장기적으로 보면 아이들이 직접 대응해봄으로써 사회적 기술을 높이는 데 도움이 될 기회였기 때문입니다.

같이 연습을 하고 며칠 후, 주희가 이런 문자를 보내왔습니다.

"선생님이 알려주신 대로 애나와 대화했는데 정말로 효과가 있었어요."

이 한 줄의 문장이 모든 피로를 날려주었습니다. 주희는 어떻게 하면 애나와 다시 소통할 수 있을지 배우겠다고 남아서 시간을 투자할 정도라면 이미 그 관계를 소중히 여긴다는 뜻일 것입니다. 애나와 마주할 준비를 하면서 자신의 위치를 돌이켜보았습니다. 그리고 앞으로의 전략을 세웠으며 진실을 말하고 귀를 기울였습니다. 이미 주희는 성공했습니다.

SEEK 전략에서 잊지 말 것은 이 과정을 무겁게 다룰 필요는 없다는 것입니다. 그러나 정중함을 잃지는 말아야 합니다. 선생님은 아이들이 이 전략 전에 상대를 존중하는 말투와 단호한 목소리를 준비할 수 있게 해주세요. 눈이 부딪힐 때마다 피하지 않고 맞추려 노력해야 한다고 강조하는 것을 잊지 말아주세요. 가장 중요한 것은 선생님이 아이들의 수준을 확인하는 것입니다. 선생님이 기대하고 바라는 위치가 아니라 아이들이 처해 있는 그 자리에서 아이들을 만나야 합니다. 아이들은 자신들을 진솔한 시선으로 바라봐주는 어른의 시선을 따라가며 이기는 경험보다 배우는 경험에 더 가치를 두고 옳은 선택을 하게 될 것입니다.

앞으로 나아갈 길
· 솔직한 피드백을 서로 존중하고 주고받습니다.
· 개인적이든, 팀이든 모든 갈등은 즉각, 드러내놓고 처리합니다.
· 개인적 감정을 교실 안으로 들이지 않습니다.
· 적극적인 의견 내기와 공격의 차이를 구분합니다.
· 아이들과 우리 모두가 새로운 기준을 지지하고 강화하도록 힘을
  실어줍니다.

School in School

교실은 아이들에게 치유와 연결의 장소입니다. 아이 혼자서는 이루기 어려운 많은 일들이 또래들과 선생님이 함께하는 교실에서는 가능해지지요. 오늘도 아이들은 한 치를 예측할 수 없이 역동적으로 형성되는 또래 관계와 사제 관계의 상호작용을 통해 어떻게 서로를 치유하고 화해하며 함께 성장할지에 대해 배우고 있습니다. 이 책은 저에게 점점 더 큰 확신을 줍니다. 그것은 교실에서 아이들의 친구 관계와 또래 문화에 변화를 일으키려고 할 때 가장 큰 희망은 우리 선생님이라는 생각입니다. 올해가 남녀공학을 시작하고 십

년째입니다. 그동안 우리는 아이들이 간접적이고 관계적인 폭력 양상을 보일 때마다 간과하지 않고 적극적인 이해와 관심을 쏟았습니다. 아이들의 지극히 사적인 말들과 옆 교실 선생님의 개인적 경험에 귀 기울였어요. 동시에 토론하고 해결책을 찾는 교실 문화를 형성하려고 노력했습니다. 이것은 에너지가 많이 드는 일입니다. 경쟁과 학업이 학교의 가장 중요한 업무라고 여기는 많은 학부모와 우리 안의 또 누군가를 설득해야 하니까요. 그러나 아이들의 균형 잡힌 성장을 중시하는 선생님들의 협업은 장애물을 넘고 좀더 자율적이고 문제 해결의 중심이 되는 데 큰 동력이 되어줍니다.

여기에 기반이 되었던 것은 '학교 안의 학교(School in School)' 시스템입니다. 학교가 클수록 아이들의 행동을 관찰하기가 어렵죠. 그렇다고 학교의 규모를 줄이기도 어렵습니다. School in School은 커다란 학교라는 조직 내에 더 작고 관리하기 쉽도록 만든 커뮤니티 그룹을 의미합니다. 그룹의 크기만 줄이는 것이 아니라 학생과 교사에게 학급 선택권을 줌으로써 그룹 내의 책임을 강조하는 것이 핵심입니다. 일반적으로 학교는 학년별로 학급을 구성하여 운영하는데, School in School은 무학년 소인수 그룹으로 구성된다는 것이 큰 차별점이라고 할 수 있겠네요. 이 시스템이 매력적인 이유는 관심이 비슷한 구성원들이 동아리중심으로 모여 구성되었기 때문입니다. 선배와 후배가 함께 프로젝트를 진행하면서 자연스럽게 멘토링이 이루어지는 과정에서 소속감과 동료애가 싹트는 것을 지켜보는 것은 기쁨입니다.

2009년, '멘토링 시스템 동아리학급'이라는 이름으로 시작되어 학교의 큰 자산이 된 이 시스템은 여러 방면으로 학교가 성장하는 데 일조를 하였습니다. 그중에서도 학교폭력 사안이 관내에서 눈에 띌 정도로 줄어든 것은 큰 자랑거리입니다. 남녀공학이 되면서는 학교에서의 진정한 안전이 심리적이고 정서적인 부분까지로 확장하는 관계적 폭력의 민감성을 키우게 된 발판이기도 합니다. 그러고 보니 '우리들의 대화'가 장기간에 걸쳐 아이들과 밀접하게 운영될 수 있었던 것도 '멘토링시스템 동아리학급'의 하나인 思考뭉치를 통해서네요.

School in School의 장점은 많지만 가장 중요한 것은 아이들을 덩어리로 보지 말자는 겁니다. 아이들 한 명 한 명의 눈을 매일 바라봐주고 등을 두드려주는 어른이 한 사람은 있는 학교여야 한다는 거죠. 이 시스템 안에서 선생님 간의 상호 협력 관계는 제대로 힘을 발휘합니다. 선생님은 아이들이 그룹 안에서 인정받고 소속감을 느끼고 더욱 안전하게 지내며 좋은 우정을 쌓아갈 수 있도록 최선을 다해 돕습니다. 결국 우리들의 이러한 노력은 아이들이 경쟁과 소모적인 인기 전쟁보다는 공부에 더 집중하도록 만든다는 것을 이미 알고 있기 때문이지요.

어느새 우리가 시스템이 됩니다. 우리가 먼저 바뀌어야 아이들의 변화를 이끌 수 있습니다. 아이를 어떠한 사람으로 키우고 싶다면 우리가 먼저 그런 사람이 되어야 합니다. 우리가 모르는 건 아이들에게도 가르칠 수 없을 테니까요. 지금 이 시간에도 아이들은 우리를 지켜봅니다. 우리의 감정과 실패의 경험을 솔직히 나누고 아이들에게 좋은 본을 보일 때입니다. 그럼으로써 아이들과 유대의 안정감이 커지고 진정성 있는 공감의 세계에서 파트너로 함께 성장할 수 있을 테니까요.

Look Back

그 시절의 나는
- 선생님의 어린 시절에는 롤 모델이 있었나요? 그 사람에게서 무엇을 배웠나요?
- 그런 롤모델이 없었다면, 그 당시 선생님에게 여자 어른들이 어떤 가르침을 주면 좋았을 거라고 생각하나요?
- 지금 선생님은 아이들에게 어떤 롤모델로 다가갈 건가요? 어떤 것을 줄 수 있을까요?

이야기를 마치며

　교차로에 섭니다. 길은 여러 갈래예요. 그 중 점점 또렷이 드러나는 길에 올라섭니다. 시골 학교의 교정은 오일장의 시끌벅적함을 외면하며 여전히 언덕 아래 조용히 자리 잡고 있네요. 월요일 아침은 언제나 분주하죠. 특히 오늘은 한문 쪽지시험이 있는 날이라 바삐 집을 나섭니다. 벼락치기 암기 실력을 제대로 발휘하려면 서둘러야 해요. 운동장을 가로질러 교실로 들어가려는 순간, 갑자기 몸이 얼어붙은 것 같습니다. 출입문 앞에 서 있는 중학교 3학년의 어린 나와 마주했어요. 들어갈까 돌아갈까 망설이며 손잡이만 애꿎게 뚫어져라 바라봅니다. 심호흡을 크게 해요. 눈을 질끈 감고 들어섭니다. 누군가 뒤를 돌아보네요. 아! 저 표정, 기억납니다. 살짝 입을 다물고 보일 듯 말듯 옅은 미소로 바라보는 그 표정, 아무 말 없이 조용하게 많은 것을 말해주던…. 발걸음을 주춤대게 만들던….

　'넌 내 밑이야.'

　'아~, 걔가 쟤야?'

'너 같잖다.'

'네가 그렇게 잘난 그 애니?'

동시에 위아래로 훑어보는 눈길…. 나만의 느낌적인 느낌이죠.

서늘한 느낌을 뒤로 하고 다시 처음의 교차로에 섭니다. 이번에는 단풍이 붉게 물든 황홀할 지경의 멋진 가을 도로를 따라가고 있어요. 그 길을 따라 도착한 곳은 작은 도시 춘천. 10월의 춘천은 어느 계절보다 아름다운 모습을 드러냅니다. 아파트 창을 넘어 감성돋게 만드는 호수가 한눈에 잡히고, 파란 하늘 아래 살포시 들어앉아 안정감을 주는 마을이 내려다보입니다. 이런 여유 있는 풍경을 감상하는 것도 잠시. 시내를 가르는 도로 사이로 자동차 한 대가 곡예를 하듯 질주하네요. "또 늦었다구." 이른 아침 헉헉대며 도착한 곳은 딸의 중학교입니다. 마음을 차분하게 해주는 예쁜 색감의 건물 속으로 우당탕 사라지는 아이의 모습을 뒤로 하고 서둘러 차를 돌립니다. 오전 일과를 마치고 창문 너머 몽글거리는 구름을 감상하는 짧은 휴식 시간의 행복이 끝나갈 때쯤 핸드폰이 울립니다. 발신처는 딸의 담임선생님. '또 무슨 일이지?' 요즘 딸아이의 담임선생님과 통화가 잦습니다. "예림 어머니, 안녕하세요? 예림이 오늘

방과 후에 아이들하고 집단 상담을 해야 해서 좀 늦을 거 같아요."

몇 주 전부터 딸은 친구 관계로 스트레스가 심했습니다. 별일 아닌데 담임선생님이 개입해서 자기가 너무 난처해졌다며 골이 잔뜩 나 있었죠. 아이들은 이런 파, 저런 파로 나뉘어 일거수일투족을 서로 감시하고 비난하기 시작했어요. 아이들도 아이들이지만 부모까지 엮이면서 2학기 내내 이슈가 되었습니다. 졸업 시즌이 되어서야 안정을 좀 찾았던 것 같아요.

어느 날 우리 세 가족은 서점으로 향했어요. 인문 교양 서적 코너에서 아이들의 심리를 다룬 번역서를 발견했습니다. 노란 책표지를 꺼내는 순간 놀라서 책을 떨어뜨릴 뻔했죠.

뒤를 돌아보는 여자아이의 표정이 익숙했습니다. 찰나의 순간이었던 것 같아요. 중학교 시절의 교실 출입문 손잡이가 그토록 크게 다가온 것은… 표지를 남편에게 보여주자 "예쁘네." 그게 다였어요. 근데 바로 옆에서 딸이 하는 말. "한 대 후려치고 싶어."

그날 저녁을 먹으며 쉴 새 없이 이야기를 했던 것 같습니다. 그제서야 알게 되었죠. 그동안 사람들과 관계 맺기가 달콤하면서도 씁쓸했던 이유를요. 여전히 생생하고 어리둥절한 관계 미스터리 속에서 딸과 함께 빠져 허우적대고 있었던 것을요. 매번 희미한 안개 속

교차로에 서서 방황하던 내 모습이 또렷이 보여서 순간 마음이 불편해졌습니다.

'아주 오랫동안 숨어 있던 상처가 현재의 삶을 지배하고 있었구나.' 동시에 머리가 무엇에 맞은 것처럼 통증이 느껴졌습니다. '딸의 삶에도 영향을 주고 있었어.' 아빠는 모르고 엄마는 잊고 있었던 딸의 속사정을 드러내고 싶었습니다. 가족이 함께 공감하고 싶은 이야기가 있었습니다.

기억 저편에서 희미하게 가려졌던 기억들이 쏟아지기 시작했습니다. 전학 간 서울 근교 학교는 오랜 전통을 자랑하는 사립여자중학교였어요. 산과 들 나무들에 익숙한, 아직은 도시가 서툴고 시골 티를 벗지 못한 모습의 소녀가 운동장에서 철봉에 매달려 낑낑댑니다. 전학 간 첫날부터 체력장 실력을 들켰어요. 고등학교에 진학하려면 체력장 점수는 기본으로 만점을 받아야 하거든요. 체육선생님의 "나머지" 소리와 함께 가리키는 손을 따라 구석으로 이동합니다. 시무룩한 표정의 나머지 팀들이 운동장 한쪽에 모였어요. 가장 난코스는 오래매달리기. 올라가기도 전에 떨어지기를 몇 차례 반복하고 겨우 끝이 났습니다. '서울살이가 쉽지 않군.'

수돗가에서 목을 축이는데, 한 아이가 이렇게 말하는 소리가 들렸습니다. "오늘도 이렇게 하루가 가는구나." 나머지 팀에서도 가장 실력이 없는 아이가 다 큰 어른처럼 말을 하는 모습에 나도 모르게 웃음이 터졌습니다. 아이는 친근하게 말을 붙여왔습니다. "너, 오늘 전학 왔지? 첫날 소감이 어때?"

사실 수업 시간마다의 신고식과 낯선 교실 분위기를 살피느라 너무 힘들었어요. 몸도 마음도 긴장감에 뻣뻣해져서 빨리 집에 가고 싶은 마음뿐이었죠. 그때 선물처럼 그 아이가 나타났던 겁니다. 잊고 있었던 인생친구와의 첫 만남이 떠오르면서 따뜻한 기운이 감싸는 걸 느낍니다. '나에게 정말 소중한 친구가 있었어.'

서둘러 친구에게 연락했어요. "보고 싶다. 친구야." 이 말로 지나간 긴 세월이 훌쩍 좁혀지는 듯합니다. 이후 딸들과의 전쟁 때마다 신나게 딸의 뒷담을 나누며 치밀어오르는 화를 가라앉히곤 했지요. 이때 더욱 강력해진 동지애는 (안) 비밀.

그동안 교차로는 나의 자존감이 위축되는 곳이었습니다. 책을 쓰는 과정은 잃어버린 나를 알아가는 모험과 같았지요. 허니버터칩에게 정체성을 부여한 건 0.01% 아카시아꿀이라죠. 그 꿀처럼 내 안에 숨어 있던 좋은 부분을 찾는 일은 기쁨이었습니다. 나의 취약한 부분을 발견하고 드려내려는 시도는 그것 자체로 나의 심연으로 들어가는 길잡이가 되었어요.

이제 교차로는 제게 더이상 상실이나 위기의 상징이 아닙니다. 그곳은 시공간을 초월한 우리들의 연민과 공감과 위로가 교차하는 곳, 자신을 발견하는 진정한 모험의 길, 우리를 챔피언의 길로 들어서게 하는 회복의 길목입니다. 그 길 위에 서서 하늘을 바라봅니다. 어제보다 더 푸르른 나의 하늘이 보이네요.

그동안 만난 무수한 여자아이들이 진심으로 말하던 게 있어요. 주먹으로 한 대 맞는 것과 정신적으로 얻어맞는 것 중에서 선택하라면 자기는 주먹이래요. "처음에는 한 명이랑 문제가 있었는데 나중에는 다섯 명을 상대해야 하고, 화나도 말하지 못하고, 영문을 모른 채 당하고, 이런 모든 것들을 계속 경험해야 한다는 게 끔찍해요." 저도 거기에 한 표를 보태주면서 이런 생각을 했습니다. '이 시기의 아이들은 계속 이런 세계에서 살아야 하는 걸까?' 물론 그렇지 않습니다. 아이들의 세계에서 일어나는 갈등이 우정의 위반이 아니라 서로의 다름에서 오는 자연스러운 현상으로 인식하고, 이를 사회적 기술을 습득할 중요한 기회로 만들 수 있다면 말이죠. 이제 아이들이 나설 때입니다. 직접 자신의 운전대를 잡고 험난한 길을 더 건강하게 갈 수 있는 길을 선택해야 합니다. 자신의 행복을 위해, 관계를 되찾기 위해, 자신과 친구를 갈라놓는 힘을 물리치기 위해, 이제 서로의 문을 열고 그 길 위에 올라서야 해요. 시작하는 순간 뿌듯하고 벅차오르는 느낌을 맛보게 될 거예요. 때론 두렵고 떨

려도 확신을 잃지 않고 목표를 향해 전진하는 게 중요합니다. 어느 순간 자신의 문제에 솔직하게 답하며 자신의 관계 미스터리를 후련하게 해결하게 될 테니까요. 용기를 끌어올렸다면 이제 곧 도착할 큰 선물을 기대해도 좋겠습니다. 자신의 진실을 말하고 친구들의 진실을 존중하는 능력을 간직하세요. 그러면 이 세계도 소녀들의 감정을 함부로 하지 않고 소중히 대할 겁니다.

아이들에게 용기를 주는 일은 안전한 여행길을 위해 표지판을 세우는 일과 같습니다. 바른 이정표가 되기 위해서는 우리가 먼저 출발해야 합니다. 매번 느끼는 거지만 가장 두려운 것이 있어요. 어디서든 언제든 항상 지켜보는 아이들의 눈. 매번 실수를 주워 담고, 또 반성하고 되풀이하면서 어느 때는 스스로 미안한 마음이 듭니다. 적어도 아이들에게 실수를 감추기에 급급하여 실망을 주는 어른이 되고 싶지는 않습니다. 이 글을 읽는 분도 아이들에게 좋은 영향을 주고 믿음을 주는 사람이 되고 싶을 테지요. 공감을 형성하는 데는 솔직함만큼 강력한 것이 없습니다. 아이들에게는 완벽한 어른보다는 솔직함과 노력을 쌓아가는 어른이 필요해요. 솔직하게 자신의 부족함을 드러내며 더 나은 사람이 되려고 노력하는 모습을 보여주는 어른이 진정한 영향력을 발휘하게 될 거예요. 물론 몹시 재미없는 고비가 자주 찾아옵니다. 가슴 벅차게 의미 있는 순간들이 많지만 매일 매일이 고되어서 기쁨의 순간들은 쉽사리 잊히지요. 선생님은 선생님대로 부모는 부모대로 자존감이 바닥을 치는 것을 느낄 때가 오더라도 잊지 마세요. 그런 순간에도 아이들은 변화하고 있다는 걸요. 졸업생들이 찾아와 지난 날 수도 없이 싸웠던 이야기를 다시 늘어놓으며 이렇게 말하곤 합니다.

"우리가 왜 그랬지?"

"그러게."

"가장 후회되는 게 뭔지 아니? 그때 곧바로 말하지 않은 거야."

"두려움 때문에 많은 것을 놓쳤지. 하지만 이젠 두렵지 않아."

이 책은 강원중학교 여자아이들과 함께 시작했고, 그 이야기는 아직 진행 중입니다. 가장 내밀한 두려움과 꿈을 용감하게 말해준 많은 아이들에게 감사합니다. 이 책을 쓰면서 분명한 사실을 배웠습니다. 커피와 달콤한 쿠키가 어우러지면 솔직한 이야기와 웃음을 이끌어낼 수 있다는 것을요. 어설픈 해결책보다 들어주고 공감해주는 게 더 큰 힘이 된다는 것도요. 그 힘을 볼 수 있고 느낄 수 있도록 함께해준 강원학원 모든 선생님들에게 감사의 마음을 전합니다. 그리고 처음 시도한 글쓰기에 용기를 준 이하영 편집장님, 감사합니다. 무엇보다 가장 가까이서 인생의 교훈을 가르쳐준 가족에게 감사합니다. 여자아이들을 만났을 당시 15년차 엄마였던 저 또한 딸의 중학생활을 지켜보기가 쉽지 않았습니다. 그때만큼은 교사가 아닌 엄마의 입장이었기 때문입니다. 딸 기르기가 처음이었던 나의 시행착오를 기다리며 신뢰를 저버리지 않은 딸 덕분에 엄마라는 성장기도 담게 된 것 같습니다.

여기까지 함께 와주신 모든 분들께 감사의 마음을 전합니다. 이 책을 쓰면서 나의 삶이 변했습니다. 책을 쓰는 과정은 작은 희망과 빛을 발견하는 연속이었습니다. 다음에는 조금 더 밝고 한걸음 더 성장한 글로 다시 뵙게 되길 기대해봅니다.

부록

/

1. (여학생이라는 세계: 인터뷰
2. 함께 나누고 싶은 영화 이야기
3. 도움이 필요할 때 컨택 리스트
4. 참고 문헌

1. 여학생이라는 세계: 인터뷰

이 책을 쓰면서 더 많은 이야기가 필요하다는 걸 실감했습니다. 더 많이 듣고, 더 많이 나눠야 한다고요. 그래서 급한 대로 자리를 마련해봤습니다. 여자아이들이 좀더 자신감을 갖고 이 세상을 주도적으로 살아가기를 바라는 어른들의 이야기, 여자아이들과 함께 이 세상을 살아가는 남자아이들 이야기, 이 책의 주인공인 여학생들의 이야기를 직접 듣는 자리 말이죠. 여자아이들의 세계에 대해서, 그 속에 들어 있는 평범하고 다정한 얼굴의 보이지 않는 폭력에 대해서 자유롭게 이야기한 것을 간추려보았습니다. 여러분도 툭 터놓고 이야기하는 것, 아니 듣는 것에서 시작해보았으면 합니다.

남자 입장에서 이해 안 되는 여학생 행동 BEST

남학생들: 왜 여자들은 화장실에 손잡고 함께 가죠?(그러한 행동이 성적인 것과 관련이 있을 거라고 추측하는 남학생도 있음.)

미연샘: (여자에게 화장실이 일종의 '성역'이라는 것을 너희가 알 리가 없지.)

남교사들: "와, 화장 잘했네."라고 칭찬했을 뿐인데, 왜 성희롱이

라며 흥분해서 난리를 피우죠?

미연샘: ('그렇다면 쌩얼은 봐줄 수 없을 정도라는 거야?'라고 생각하는 여자의 속마음을 해석해줬지만 이해 못한다. 벌써 지친다.)

남학생들 & 남교사들: '꺄악', '진짜?', '와아', '정말 신기하다', '뭐야, 몰랐어? 그게 있잖아….' 등 대화 내내 감탄사와 비명으로 야단법석을 떨고 흥분하는 거 왜 그러는 거죠?

미연샘: (뒤이어 "응? 뭐가, 뭐가 말이야?"라는 흥분된 어조의 대응은 못 들었는지 물어보자 고개 끄떡임.)

남학생이 여학생들과 다툰 경험에 대하여

남중생 1 : 여자아이들 싸움에 끼어드는 건 바보나 하는 행동이에요. 거의 죽다가 살아났죠. 말로는 당할 수가 없어요. 우린 진짜 필요할 때 아니면 수다 떨지 않거든요. 저격수가 겨누는 총에 머리를 들이밀고 엎드릴 필요는 없잖아요.

미연샘: (꽤 똑똑하다.)

남중생 2: 요 며칠 학교폭력으로 스트레스를 받고 있어요. 같은 반 여자아이 한 명이 제 친구들하고 모두 친한 사이여서 우리는 아무 생각 없이 평상시 하던 대로 몸을 치고, 어깨빵 하면서 친한 표시를 냈어요. 물론 그 여자아이도 우리에게 그렇게 했고요. 그런데 갑자기 그 애가 집에 가서 자기를 괴롭히는 아이들 때문에 학교에 가기 싫다고 해서 부모님이 학생부에 우리를 신고했다는 거예요. 친한 친구로 알았는데 갑자기 돌변해서 정말 놀랐어요. 사과는 했지만 제가 받은 상처도 무지 큰데 그것에는 아무도 관심이 없어요. 앞으로는 여자아이들을 잘 믿지 못할 거 같아요.(이해불가의 표정)

남중생 3: 여자아이들은 자기들을 진지하게 대해주길, 존중받길 바라지요. 우리가 심한 욕을 하면 진짜 화를 내요. 그런데 웃긴 건 개네들도 똑같이 상스러운 욕을 한다는 거예요. 그러면서 결정적인 순간에는 쏙 빠져나간다니까요. 너네들이나 잘하세요.(분함) 자꾸 내 말을 왜곡하고 제대로 듣지도 않고 항상 자기 말만 옳다고 생각하는 여자애와 어떻게 싸운다고 그러세요?(절대 불가의 표정)

남고생 1: 여자애들은 원한 품기의 일인자들이예요. 특히 친구 많은 애들은 자기들이 큰 권력을 갖고 있는 것처럼 행동해요. 지난번에 완전히 당했어요. 화가 난 걸 숨기고 그 자리에서는 아닌 척하다가 나중에 화낼 기회를 기다렸더라구요. 몇 주 지난 후 그 아이가 화염처럼 퍼부어대는 통에 친구들 앞에서 당하고 말았어요. 매복해서 기다리는 공격수에게 당하듯 완전히 허를 찔렸지요. 조용히 말하면 안 되나요? 다시 한번 말하지만 여자애들은 한번 삐치면 뒤끝이 장난 아니므로 가능하면 피해야 해요.

남고생 2: 여자애들은 화가 나면 씩씩대면서 떼거지로 몰려와요. 내가 지금 누구와 싸우는지 모르겠어요. 몇 명인지 셀 수 없을 정도로 몰려와서는 죽사발을 만들죠.(난감한 표정)

남고생 3: 그룹의 여자애들이 남자애 한 명에게 화가 나면 그 남자애 한 명을 상대로 완전 난리를 쳐요. 남자 그룹에서 여자애 한 명에게 그렇게 하면 아마 신문에 날걸요.(화남)

여학생을 화나게 하는 남학생의 말 들

"침착해."
"왜 그렇게 까칠하게 구니?"
"넌 완전 비이성적이야. 생리 끝나면 말하자."
"왜 그렇게 못되게 구니?"
"넌 모를 거야. 절대 모르지."

"화 가라앉혀."

"뭐 이런 일로 그렇게 화를 내니?"

"진정해."

"알았어. 알았다니까."

"미안."

"설마 그랬겠어?"

"여자들은 참 이상해."

"이렇게 해봐."

"해결책이 뭘까?"

여자들 관계에서 서로 오해가 쌓였던 경험에 대하여

학부모 1: 우리는 종종 여자들의 뒷담화를 가볍게 여기는 경우가 있는데요, 이런 일이 많은 이유는 눈앞에서 하고 싶은 말을 다 못하기 때문이라고 생각해요. 친밀함이 빠르게 형성되는 것만큼 그 아래에 독이 쌓이는 거 같아요. 상대를 배려하여 입에 발린 듣기 좋은 말만 하다보면 솔직하게 대놓고 하지 못한 의견은 마음에 남게 되니까요. 친해질수록 이중성도 더욱 커지는 거죠. 어떤 모임에서는 화장실 가기가 두렵기도 해요. 그녀들이 내 흉을 볼까봐 두려운 거죠. 참았던 감정들을 늘어놓을 타이밍을 계속 살피는 것 같아요.

학부모 2: 지난번 학교 책축제 행사 문제로 예진이 엄마와 함께 협업을 했어요. 저는 전업주부고 예진이 엄마는 직장에 다니는데요, 제가 전화를 걸었는데 예진이 엄마가 전화를 받질 않는 거예요. 그러자 나도 모르게 '흥! 자기만 바쁜 줄 아나.'라는 생각이 들었어요. 그리고는 예진이 엄마의 회신 전화를 부재중으로 처리했죠. 감정이 상했거든요.

여교사 1: 회식 테이블 좌석을 정할 때 여자선생님은 자리에 신경을 많이 써요. 빈자리가 있어서 앉으려 했는데 맡아놨다면서 앉지 못하게 해서 무안했던 일이 있어요.

여교사 2: 선생님들도 뒷담화 해요. 파벌도 존재하고요. 여기도 똑같이 사람 사는 곳이니까요.

여교사 3: 여자들끼리 느끼는 친밀감은 지극히 자연스러운 현상이라고 생각해요. 여자끼리 서로 질투하고 다툰다는 건 오히려 문화적으로 조장된 것이 아닐까요? 여자의 적은 여자라는 말도 있죠. 이런 말이 속설로 공유되고 있는데 사실과는 많이 다르거든요.

여교사 4: 나는 남자를 만날 때보다 여자 친구를 만날 때 더 긴장하고 신경을 써요. 여자들에게서 외모에 대한 진심 어린 칭찬(우리는 이미 이것을 구별할 줄 안다)을 받으면 정말 기쁘거든요. 남자에게서 듣는 칭찬은 그냥 으레 그렇듯이 흘려들을 수 있지만 여자는 달라요. 무자비할 만큼의 현미경을 들이대 서로를 살피고 비교하는 느낌. 그래서 모르는 여자들과는 사우나에서 만나지만 친한 친구와는 온천 여행 계획을 세우기 어렵죠.(하하.)

여자들 간 갈등과 경쟁에 대하여

여교사 1: 중학교 이후 우정이 이어지고 있는 친구가 있어요. 사는 곳이 다르고 하는 일도 달라요. 하지만 한참 소식이 없다가도 뜬금없이 전화를 걸어 두어 시간씩 수다를 떨 수 있는 친구예요. 학창시절을 돌아보면 우리 사이에는 약간의 거리감이 있었는데, 그것이 질투심이라는 것을 나중에 통화하면서 알게 되었어요. 그 당시에는 그것에 대해 이야기한 적이 없었죠. 영화배우를 꿈꾸던 그 아이와 반장이었던 내가 마음을 함께했더라면 우리는 최고의 학생이 되었을 수도 있었을 거예요. 음습하게 느껴지던 그것에 대해 침묵함으로써 서로를 약하게 만들었다는 생각이 들어요.(이후 자리를 옮겨 몇 시간동안 대화가 이어짐.)

여교사 2: 교사가 되기 전에 잡지사에서 잠깐 일한 적이 있어요. 이야기하려니 조금 창피해요. 직원이 대부분 여자들이었는데, 동료끼리 사이좋고 화기애애하고 가족적인 분위기였어요. 한 여직원이 들어온 이후 팀원들의 결속이 더 강해졌다는 것을 알았어요. 지금 와서 생각해보면 질투했던 것 같아요. 더구나 혼자 묵묵히 일하고 소심한 성격이어서 따돌리기에는 완벽한 목표물이었던 것 같고요. 기회를 주지 않고 점심도 같이 먹지 않았어요. 키득거리기도 했던 것 같네요. 물론 뒤에서 흉도 봤지요. 마치 힘을 시험해보는 십대 아이들처럼 행동했어요. 이유는 아직도 잘 모르겠어요.

여교사 3: 솔직히 여자아이들보다 남자아이들이 졸업한 후 더 많이 찾아와요. 많이 혼냈던 아이인데도 감사하다면서 찾아오는 것을 보면 감동적이에요. 거기에 비해 여자아이들은 일단 혼내면 적으로 간주하는 것 같아요. 그리고 그 아이와 친한 아이와도 어느 순간 적이 되지요.

학부모 1: 사실 여자들은 팀을 이루면 일을 잘해요. 서로를 위해 최선을 다하기 때문인 것 같아요. 그런데 안심이 되지 않는 게 있어요. 팀에 혼자 일하려 한다거나 다른 사람에게 지나치게 의존하거나 혼자 인정받으려는 여자가 있으면 상황은 달라져요. 라이벌 의식, 시기, 질투로 인해 적대감이 생기고 이건 쉽게 사라지지 않거든요. 직장에서 있었던 일인데요. 실제 두 여자 팀장이 승진 자리를 놓고 신경전을 벌이다가 결국에는 다른 남자에게 뺏기는 어처구니 없는 일이 일어났어요. 싸우는 내내 서로에 대한 악담과 새로운 소문이 증폭되었고, 회사에서는 적대적 관계에 힘의 균형을 맞출 사람이 필요하다고 판단한 것 같아요. 여자 국장이 생긴다고 마음속으로 응원했었는데, 우리 이렇게밖에 할 수 없는 걸까요? 서로 스파링파트너가 되어 주면 정말 발전할 텐데요. 철 천지 원수 아니면 친한 친구, 둘 중의 하나만 존재하는 세계인 것 같아요.

여교사 4: 우리 학급의 학부모들은 파벌이 너무 심해요. 그 모습을 보면 마치 철부지 중학생들하고 똑같아요. 끼리끼리 모여 행동하는 건 십대들만의 짓거리가 아닌 거 같아요.

학부모(남) 3: 아, 이 문제는 정말 어려운 것 같습니다. 말하기 조금 조심스럽기는 한데요, 이상한 게 하나 있어요. 제 직업 상 여직원이 많아서 고민이 되는 부분이에요. 직장 내에서 여자들이 친구가 되는 순간 너무 비슷해진다는 겁니다. 이들이 내는 아이디어가 고만고만해지거든요. 특출난 것을 생각하려고 노력하는지도 의문이예요. 퇴근 후 같이 영화 보러 가고 밥 먹고, 차도 마시면서 친해져 직장 내 분위기를 좋게 하는 건 좋아요. 그런데 직장은 일하는 곳이잖아요. 그들이 매번 '우리의 의견은요.' 하면서 생산적 토론 없이 의견일치 보는 것이 답답합니다.

남교사 1: 남학생이건 여학생이건 모두 제대로 경쟁하는 법을 알고 있어요. 그런데 계속 의문이 드는 것은 여자 대 여자일 경우 사정이 조금은 달라진다는 거예요. 여자들의 싸움에는 비용이 많이 드는 것 같습니다. 서로 싸우느라 과제나 일을 뒤로 미루는 경우를 많이 보거든요. 이건 사소한 문제가 아니라고 생각해요. 이 아이들이 최고의 교육을 받고 능력도 뛰어난 성인으로 성장했을 때를 생각해 보세요. 조직에서 따돌림 당하다가 스스로 자포자기하고 일을 잃고 나서, '이제부터는 여자보다는 남자와 일하겠어.'라고 외치는 모습을요.

남교사 2: 운동장에서 경기를 위해 쏟는 시간만큼 많은 시간을 들여서 아이들이 서로 간의 공통된 기반을 찾게 해야 해요. 여자아이들에게는 평화가 중요하니까요. 그게 없으면 신뢰가 하루아침에 금이 가게 되거든요. 경기장에서 잘난 척한다는 생각이 들면 게임 아웃이에요.

여중생 1: 남자애들은 우리와 다른 것 같아요. 운동장에 있으면, 걔네들은 서로 소리치고, 머리끝까지 화를 내요. 그런데 운동장을 떠나면 다시 친구가 되는 거요. 여자아이들은 어디 있으나 마찬가지예요. 넷볼 경기를 하다가 어느 위치로 가라고 소리치면, 그 애는 기분 나쁘게 받아들이고 '나한테 소리치지 마.'라고 말하면서 화를

내요. 그리고는 열심히 하지 않고 대충 공을 던져요. 팀의 실적에는 별 관심이 없다니까요.(쓸쓸한 표정)

졸업생(여) 1: 우리가 하는 말 중에는 은근히 가시를 숨기고 하는 경우가 많은 것 같아요. 이런 식으로 말하는 거요. "너 발표 정말 잘했어. 박수 소리 크던 걸! 너의 친구들을 많이 데려온 것이 얼마나 다행이니." 더 심한 경우는 "너 머리 정말 멋졌어. 의상은 이번에도 완벽했어." 발표 내용에 대해서는 단 한 마디 언급도 없이 일부러 머리, 의상에만 초점을 맞추는 거죠. 칭찬인것 같지만 사실은 정작 깎아내리는 말들이요.

졸업생(여) 2: 이건 자존감의 문제 같아요. 누군가를 깎아내리는 동안, 아주 잠깐이요. 그 동인은 자존감이 회복되는 것처럼 느껴져요. 그러나 다시 생각해보면 그런 말들은 언젠가는 나에게 돌아와요. '혹시 내 발표 때도 내 친구들만 박수를 친 걸까? 친구들에게 정확히 물어봐야지.' 마치 속임수 정글 같아요. 심리적으로 위축이 되고 조만간 발표도 잘 못하게 될걸요.

남교사 2: 오래가고 끈끈한 우정은 여자들보다 남자들 사이에서 더 이어진다고 생각합니다. 아내와 연애할 때와 지금을 비교해보면 나는 중고등학교 때 친구들과 지금도 끈끈하게 이어지는데 아내는 그렇지 않거든요. 신혼 초부터 지금까지 부부 모임을 이어 오고 있는데 아내의 친구들과는 모임이 없어요. 개별적으로도 아내는 친구를 잘 만나지 않는 거 같고요. 학창시절에 대해서도 잘 이야기를 하지 않아요.

여중생 2: 남자아이들이 한참 잘못 생각하고 있는 것이 있어요. 우리가 자기들을 위해서 경쟁한다는 착각이요. 물론 남자도 중요하지만(웃음) 우리가 가장 중요하게 생각하는 것은 완벽한 옷차림이예요. 자기들에게 잘 보이기 위해서가 아니라 우리들끼리 예쁜 거 입고 돌아다니는 게 행복하거든요.

부모로서 딸의 세계를 어쩌다 엿보게 되었을 때

남교사 1: 한마디로 말하면 밀쳐진 느낌이랄까요. 딸아이가 중학생이 되면서 맛본 쓴맛이죠. 거의 매일 듣는 말이 "아빠는 이해 못한다구요."입니다. 무시당할 때 거절당한 느낌이 들고 무엇을 해줘야 할지 솔직히 잘 모르겠어요. 거기다가 딸의 문제는 전적으로 애 엄마가 전담하기 때문에 나의 역할은 거의 없어요. 사실 애 문제로 다른 부모의 전화나 선생님의 전화를 받는다면 무슨 말을 해야 할지 몰라 무척 당황할 거 같습니다. 이런 상황이다 보니 여학생들을 지도하는 것도 상당히 어렵고 피하고 싶군요. 그러나 잘하고 싶은 마음은 있죠.

미연쌤: (진짜 모르시는군….)

여교사 1: 사춘기 시절이 끝났을 때 안도의 한숨을 쉬었던 것을 기억하고 있어요(웃음). 다시는 돌아갈 일이 없으리라 생각했거든요. 그런데 그것이 착각이라는 것을 알았어요. 아이를 통해 다시 한 번 사춘기 시절을 보내게 되는 것 같아요. 아이에게 문제가 생기면 사춘기 이후 성숙해진 감정이 다시 어린아이로 퇴행하는 걸 경험합니다. 아이에게 문제가 생길 때마다 바로 스마트폰을 켜게 되는 건 어쩔 수 없어요. 저도 교사인데 말이죠.(눈을 치켜올리며 두 손 올리고 포기 모드.)

여교사 2: 저는 아들만 둘이예요. 애들이 어렸을 때는 남자애들 키우는 게 너무 힘들었어요. 그런데 주위에서 하는 말들이 조금만 기다려보래요. 커갈수록 점점 여자애들보다 쉬워진다나요. 그런데 요즘 실감하고 있어요. 아이가 친구 문제로 힘든 시간을 보내는 동안 제가 많이 했던 생각은 '딸애가 어떤 행동을 했기에 친구들의 미움을 샀을까? 어쩌면 자기밖에 모르는 성격 때문인지도 몰라. 아니면 친구들에게 너무 집착하나? 혹시 지루한 타입이어서? 그렇지 않다면….'이에요. 문득 내가 열네 살짜리가 된 것처럼 느껴졌어요. (이 말에 많은 사람이 공감함.)

사랑하는 이가 인간관계의 문제로 괴로워한다면 무슨 말을 해줄까?

여교사 1: 빨리 이겨내라고 다그치는 대신 충분히 힘들어도 괜찮다고 토닥여줄 것 같아요. "힘들 땐 충분히 힘들어해도 돼.", "그건 약한 게 아니야."
많은 말보다는 토닥토닥하는 손끝에서 진심이 전해질 거 같거든요. 아, 잠깐만요. 그런데 정작 나한테는 그렇게 하지 못했네요. 잠깐 나를 껴안아주고 갈게요.(함박웃음과 함께 스스로 두 팔로 안아줌. 그 행동이 재미있어서 모두 따라함. 한바탕 웃고 나니 분위기 엄청 좋아짐.)

여교사 2: 이 질문을 듣는 순간 엄마의 얼굴이 떠올라요. 엄마는 완벽을 추구하는 분이죠. 어떤 어려움이든 이겨내야겠다고 마음먹으면 그럴 수 있다는 신념이 강해요. 엄마한테 인정받고 싶어서 울고 싶도록 힘들 때도 있었지만 절대 울지 말자고 다짐하고 이불 속에서 혼자 몰래 울었어요. 어느 순간 보니 엄마가 나한테 했던 말을 아이에게 하고 있었어요. 이겨내라, 마음 강하게 먹어, 그 정도로 힘들면 어떡해…. 힘들어하면 안 된다는 강박이 있었던 거 같아요.

힘들 때 힘들어하는 건 자연스러운 거지, 약한 게 아니잖아요.(솔직
하게 털어놓기 시작하자 저마다의 이야기보따리를 털어놓음. 이때부터 이야기가 너
무 길어지고 저마다 끼어들기로 진행 불가. 타이머와 토킹 스틱 급조.)

2. 함께 나누고 싶은 영화 이야기

영화는 소통의 도구입니다. 자신을 표현하기 어려워하던 사람도 영화에 대한 이야기로 접근하면 쉬워져요. 우리의 마음을 말랑하게 해주니까요. 우리의 생각을 키우기에 좋은 텍스트이기도 합니다. 함께 이야기하면서 서로의 다양한 관점을 통해 이해를 깊게 하고 공감의 폭을 넓혀보는 시간은 늘 즐겁습니다.

영화 속 등장인물이 되기도 하고 때론 감독이 되기도 하면서 공감대를 끌어올려 서로 의견을 나누는 시간을 갖습니다. 마음껏 상상하고 웃고 심각하고 화가 났다가 결국에는 자신의 이야기로 끝이 나죠. 영화를 통해 마음껏 자신의 이야기를 할 수 있기를 바랍니다.

아이들과 함께

〈우아한 거짓말〉 2014, 감독 이한(한국), 상영시간 117분, 12세 관람가

김려령 작가의 동명 소설을 원작으로 한 영화입니다. 처음 봤을 때 영화 소재에 놀랐고, 우리의 주인공이라 할 수 있는 천지의 모습이 충격으로 다가왔습니다. 아이들도 때로는 천지에게, 천지 언니인 민지에게, 천지를 괴롭혔던 화연에게, 천지를 배신한 미라에게, 천지 엄마에게서 자신의 모습이 보이는지 많이 공감하면서 보는 영화

입니다. 은밀한 관계적 폭력이 얼마나 무서운 것인지, 피해자와 가해자의 무게가 얼마나 다른지 이 영화가 잘 표현했다고 생각합니다.

가장인 엄마 현숙은 마트에서 일하며 바쁘다는 이유로 천지의 이야기를 들어주지 못했습니다. 남의 일엔 관심 없고 시크한 성격의 언니 민지는 동생에게마저도 그랬습니다. 엄마와 언니에게 언제나 살갑게 대하고 세 가족 중 가장 밝고 웃음 많던 막내 천지의 갑작스런 죽음은 큰 충격이었죠. 그러나 씩씩한 현숙과 민지는 천지가 없는 삶에 익숙해지기 위해 애씁니다. 그러던 어느 날 민지는 동생의 죽음이 천지의 친구였던 화연과 연관되어 있음을 직감합니다. 아무 말 없이 떠난 동생의 비밀을 찾던 민지는 빨간 털실 속 뭉치에서 천지가 남기고 간 메시지를 발견합니다.

이 영화는 보이지 않는 폭력이 얼마나 무서운지 생각하게 합니다. "짜장면 때문에 나 죽을 거야." 짜장면을 먹자고 하는 엄마에게 천지는 이렇게 말하며 울어버립니다. 천지를 은밀하게 따돌리는 화연이는 짜장면 집 딸로 생일파티를 자신의 집에서 하는데, 그때마다 천지를 초대해요. 그러면서 천지에게만 1시간 늦은 시간을 알려줘서 놀림거리로 만들지요. 다른 친구들과는 맛있는 음식을 먼저 먹고 늦은 천지에게는 모든 사람이 지켜보는 가운데 혼자 먹게 합니다. 이 사건 이후로 천지는 짜장면에 대한 트라우마가 생겨요.

'우아한 거짓말'이라는 제목의 의미를 생각해봅니다. 정말 거짓말을 우아하게 할 수 있을까? 우아한 거짓말의 반대는 거친 거짓말일까? 거친 거짓말이라면 그 속에 담긴 생각을 아는 게 어렵지 않겠죠. 반면 우아한 거짓말은 사람의 의도를 파악하기 어렵습니다. 전혀 괜찮아 보이지 않는데 괜찮은 척하는 엄마, 전혀 강해 보이지 않는데 강한 척하는 언니 만지, 외로운데 외롭지 않은 척하는 천지 등 주인공부터 주변 인물들까지 모두가 척하는 가면을 쓴 것 같습니다. 천지가 무심하게 언니에게 이런 말을 던진 적이 있습니다. "언니는 친한 척하면서 뒤에서 욕하는 친구 없어?" 천지는 나름대로 조금씩 신호를 주었어요. 하지만 아무 일도 없는 듯 웃고 있었기에 눈치 채기 어려웠던 것이죠. 학교에서 괴롭힘과 따돌림에 시달리던 천지의 소리 없는 외침은 그렇게 외면당했습니다. 소통하고 싶은 천지의 작은 목소리가 안타깝고 무관심으로 일관해온 가족의 모습이 남일 같지 않았습니다.

'잘 지내고 있지. 지나고 보니 아무것도 아니지. 고마워. 잘 견뎌줘서.' 천지가 자신에게 하는 응원의 말이었지만 결국 천지는 견딜 수가 없었습니다. 천지는 자신이 미워하고 사랑했던 사람들에게 편지를 써서 전하지만 천지의 마음을 제대로 읽어주는 이는 없었습니다. 단 한 사람만 있었어도…, 하는 아쉬움이 영화 내내 여운으로 남습니다.

나눌 이야기

1. 제목이 왜 '우아한 거짓말'일까? '우아한 거짓말'이란 의미는

무엇일까?

2. 천지가 엄마에게 속마음을 털어놓지 못한 건, 무슨 이유 때문일까?

3. 어떻게 하면 천지가 자살을 선택하지 않았을까?

4. 원작에서는 영화에서 다루지 못한 각자의 사연이 자세하게 나온다. 천지의 입장에서 가장 힘든 것은 무엇이었을까?

5. 따돌림의 주도자였던 화연이의 삶은 앞으로 어떻게 이어질지 영화의 뒷이야기를 써보자.

〈우리들〉 2015, 감독 윤가은(한국), 상영시간 94분, 전체 관람가

윤가은 감독의 장편영화 데뷔작으로 독립영화입니다. 초등학생을 대상으로 하지만, 나이를 떠나 어른과 아이들 모두가 공감할 수 있는 영화입니다. 사춘기 강을 건넌 어른들을 위한 영화가 아닐까 싶기도 합니다. 이 영화는 아이들의 세계를 구체적으로 묘사하고 있습니다. 마음 속 상황과 일상이 다른 이중적 모습을 지닌 여자아이들의 감수성과 심리를 정확하게 표현하고 있어요. 몇 차례 보면서 등장인물들의 디테일한 연기에 대해 이해하기를 권합니다.

선은 평범한 초등학교 4학년 여자아이입니다. 풍족한 가정은 아니지만 선은 바쁜 부모님을 돕고 남동생도 잘 보살피는 바른 아이죠. 다정하고 손재주도 좋습니다. 하지만 학교에서는 우울한 날이

많아요. 학급에서 영향력이 큰 보라의 무리에 끼지 못하고 은근한 따돌림을 당하는 상황이거든요. 대부분 혼자인 외톨이 선은 모두가 떠나고 홀로 교실에 남아 있던 여름방학식 날, 전학생 지아를 만납니다. 서로의 비밀을 나누며 순식간에 세상 누구보다 친한 사이가 된 선과 지아는 생애 가장 반짝이는 여름을 보냅니다. 하지만 개학 후 학교에서 만난 지아는 어쩐 일인지 선에게 차가운 얼굴을 하고 있어요. 선과 지아는 어느 새 도망자와 추격자가 되어 반대편에 서게 됩니다. 지아는 선을 따돌리는 보라의 편에 서서 선을 외면해요. 선은 다시 혼자가 되고 싶지 않아 어떻게든 관계를 회복해보려 노력하고요. 그러던 중 선이 지아의 비밀을 폭로해버리고, 화가 난 지아도 선의 비밀을 보라에게 말하게 되죠. 선과 지아는 다시 '우리'가 될 수 있을까요?

피구시합 장면으로 영화가 시작돼요. "가위, 바위, 보!" 아이들이 한 명씩 양 팀으로 갈라집니다. 끝내 이름이 불리지 않는 주인공 선의 얼굴이 크게 클로즈업돼요. 선택되기를 기대하던 표정에서 점점 낙담하는 표정으로 변해가는 선의 얼굴…. 실망한 마음을 들키지 않기 위해 표정을 감추려 드는 심정까지도 고스란히 드러납니다. .

"너 선 밟았어."
"아니 나 안 밟았어."

피구하다 선이 선을 밟았는지 밟지 않았는지는 중요하지 않습니다. 중요한 건 같이 피구하는 아이들이 선에게 갖는 적대감과 냉정함이죠. 당하는 선은 억울하고 화가 나지만 이 또한 드러내지 못합니다. 아이들이 자신을 더 싫어하게 될까봐 위축되어 점점 더 무기력해 보이는 선.

영화의 마지막도 피구시합 장면입니다. 지아는 원래 피구를 잘하는 아이였는데 처음에 선이 그랬던 것처럼 무기력한 모습니다. 처음에 선에게 쏟아졌던 아이들의 차가운 시선이 이제는 지아를 향해 있습니다. 그런데 선이 지아편을 든 거예요.

"너 선 밟았어."
"아니 나 안 밟았어."
"안 밟은 거 맞아. 내가 봤어."

선이 내민 손을 지아가 잡아줄까요?

이 영화에 등장하는 어른은 네 명입니다. 선의 엄마와 아빠, 그리고 지아의 할머니와 담임선생님이죠. 아이들이 관계의 어려움에 처했을 때 어른들은 아예 모르거나, 어렴풋이 짐작은 해도 개입하지는 않습니다. 이 영화에 등장하는 어른들도 아이들 사이의 갈등과 고민의 본질에 대해 깊이 생각해보지는 못한 것 같아요. 그저 사춘기 시절에 지나가는 일로 대수롭지 않게 생각하는 것 같습니다. 강 너머 마을 불구경하듯 너희들의 사생활이니 너희들끼리 해결하라고도 합니다. 부디 이 영화를 본 어른들은 영화의 끝에서 나란히 선선과 지아를 새로운 관계 회복으로 이끌어주는 어른이 되길 소망합니다.

선에게는 매번 친구들에게 맞고 오는 다섯 살짜리 남동생 윤이 있죠. 선이 동생에게 충고합니다. 너도 때리라고요. 그런데 동생 윤의 대답이 일품입니다. "계속 때리기만 해? 그럼 언제 놀아? 친구가 때리고, 나도 때리고, 친구가 또 때리고…. 난 그냥 놀고 싶은데…."

이 대목에서 다들 웃음을 터트립니다. 하지만 그 말이 마음에 남긴 여운은 생각을 길게 이어가게 하죠. 그저 친하게 지내면 될 텐데 자존심을 앞세워 복수를 주고받다가 싸움이 왜 시작된 건지도 모른 채 점점 더 일그러져가는 관계를 바로 잡는 지혜였네요.

나눌 이야기

1. 가장 인상 깊은 장면과 그 이유는?

2. 내가 감독이라면 수정해볼 장면과 그 이유는?

3. 이 영화를 초등학교에서 보았을 때와 비교해보고 지금 다르게 생각되는 점은?

4. 피구시합 장면을 보고 느낀 점은?

5. 친구 관계의 어려움이 있을 때, 어른들의 도움에 대한 생각은?

6. 열린 결말에 이어지는 이야기를 써보자.

7. 사람과 사람이 만나서 '우리들'이 되었을 때, 우리의 목적은?

〈존 덴버 죽이기〉 2022, 감독 아덴 로즈 콘데즈(필리핀), 상영시간 96분, 12세 관람가

필리핀 영화로 제24회 부산국제영화제 뉴커런츠 부문에 초청된 작품입니다. 전 세계 영화제 15관왕을 기록한 이 영화는 필리핀 영화가 국내에 개봉된 경우가 드물다는 점에서 그 위력을 짐작할 수 있습니다. 이 영화는 SNS에 올라간 동영상 하나로 하루아침에 악마로 낙인찍힌 소년의 실화를 다루었습니다. 급속도로 디지털화가 이뤄지며 사이버 의존도가 높아져가는 현대 사회에서 SNS를 통해 일어나는 각종 사고와 범죄들은 전 세계가 주목하는 사회 문제 중 하나입니다. 하루가 멀다 하고 손쉽게 SNS를 통해 소문들이 퍼져 나가고 있으며, 온라인 마녀사냥, 사이버 불링, 디지털 범죄, 가짜 뉴스 등 충격적인 일들 또한 빈번히 발생하고 있죠. 그 중에서도 특히 청소년들이 겪고 있는 문제들을 날카로운 시선으로 포착해내며, 학교 폭력에 대한 경각심을 일깨우는 묵직한 메시지로 청소년과 학부모뿐만 아니라 전 세대에 공감을 선사합니다.

필리핀 한 가톨릭 학교. 이곳의 학생들은 다가오는 축제 때 선보일 춤 준비로 분주합니다. 마코이가 충전을 위해 아무도 없는 교실에 두었던 아이패드가 분실되는 일이 일어납니다. 마코이는 존 덴버가 가져갔다고 생각하고 그의 가방을 빼앗아 확인하려 합니다. 존 덴버는 마코이를 좇아가 가방을 되찾고 가방 안을 보여주었습니다. 존 덴버의 가방 속에는 아이패드가 없었어요. 문제는 마코이의 친구가 일으킵니다. 존 뎀버가 마코이를 때린 영상을 SNS에 올리고 아이패드 도둑놈이 사람을 때렸다며 이 악마를 함께 욕해달라는 내용의 글을 씁니다. 이 영상은 순식간에 퍼지고 존 덴버는 사이버 세계를 넘어 현실 세계에서도 생매장당하게 됩니다. 존 뎀버와 그의 친구들, 그리고 엄마가 나서서 항변해도 학교와 경찰은 이들의 말에 귀를 기울이지 않습니다. 매일 인터넷에 올라오는 거짓 폭로와 협박이 멈출 줄 모릅니다. 존 덴버에 대한 비난과 폭로가 조회수를 벌어주니까요. 그것이 거짓과 왜곡일지라도요. 이 괴롭힘이 끝이 없을 것을 알기에 존 덴버는 결국 자신을 죽이는 길을 선택하게 됩니다.

　어른들은 '아이패드만 돌려주면 끝날 일'이라고 말합니다. 마을, 학교, 경찰서 할 것 없이 모두의 관심은 사라진 아이패드의 행방뿐입니다. 존 덴버의 억울함이나 사이버 폭력의 심각성은 아예 보지 못합니다. 사이버 폭력으로 입은 신체적, 정신적 피해보다 분실된 물건이 더 중요한 걸까요?

나눌 이야기

1. 가장 인상 깊은 장면과 그 이유는?

2. 내가 존 덴버라면?

3. 존 덴버의 엄마가 처한 상황을 이야기해보자.

4. 잘못된 편견과 왜곡된 여론의 폐해를 막기 위해 우리가 할 수
   있는 일은 무엇일까?

어른들이 함께

〈퀸카로 살아남는 법〉 2004, 감독 마크 워터스(미국), 97분, 15세 관람가
미국 하이틴계의 클래식이라 불리는 영화입니다. 영화의 원 제
목은 'Mean Girls'. 여학생 세계라는 정글 속 여왕벌 무리의 모습을
잘 보여줍니다. 여왕벌을 없애기 위해 고단한 노력을 하다 본인이
여왕벌로 흑화한 케이디과 주변 인물들들 통해 여학생들의 미묘한
심리를 유쾌하게 잘 풀어냈습니다. 학생들의 파벌부터 서로 간의
연대와 화해를 통해 성장하는 서사까지 다루고 있어 지금도 전 세
대에 걸쳐 사랑받습니다. 입체적인 캐릭터성과 적절한 캐스팅으로
하이틴 영화의 대표작으로 자리매김한 작품입니다.

　동물학자인 아버지를 따라 아프리카에서 성장한 케이디는 일리
노이즈의 고등학교로 전학을 오게 됩니다. 케이디가 전학 온 고등

학교에는 레지나라는 퀸카가 그녀의 매력을 주무기로 학교의 여왕
으로 군림을 하고 있습니다. 케이디는 첫날부터 친구 관계에 어려
움을 겪지만 학교생활의 꿀팁을 알려주는 재니스, 데미안과 친하게
지냅니다. 레지나는 케이디가 지닌 미모와 지성이 자신이 누리고
있는 교내 '여왕벌'의 위치를 위협할 수 있다고 판단하고 그녀를 감
시할 목적으로 케이디에게 접근하지요. 그런데 케이디가 좋아하게
된 남학생 애런 사무엘 때문에 문제가 생깁니다. 그는 바로 레지나
의 헤어진 남자 친구였죠. 케이디가 애런에게 관심이 있는 것을 안
레지나는 고의로 그들의 사이를 방해하고 케이디에게 모욕을 줍니
다. 이 일을 계기로 케이디는 레지나를 극도로 미워하게 되고 둘 사
이에는 팽팽한 대결이 시작됩니다.

영화 속 인물들은 학교 퀸의 자리로 가기 위해 친한 친구를 계속
해서 배신하고 짓밟고 가스라이팅합니다. 이 과정에 외모지상주의
에 대한 비판도 잘 녹아들어 있습니다. "왜 다들 왕관을 원하는 거
지? 기껏해야 플라스틱인데…." 이 질문에 대한 답을 함께 찾아보
면 좋겠습니다. 케이디가 왕관을 여러 개로 잘라서 학우들에게 던
지는 장면에서도 인상 깊은 대사가 나옵니다. "모두가 아름답다. 모
두가 이 자리에 있을 수 있는 사람이다."

이 영화가 멋진 또 하나의 이유가 있습니다. 조연들의 역할이 눈
부시기 때문입니다. 특히 수학 선생님 노버리는 자신에게 큰 상처
를 준 제자를 용서하고 새로운 길로 안내하는 모습을 보여줍니다.

나눌 이야기

1. 'Burn Book(뒷담화 책)'에 대한 자신의 생각은?

2. 등장인물들의 관계변화도를 그려보자.

〈동창회〉 2015, 감독 안나 오델(스웨덴), 상영시간 89분, 15세 관람가

스웨덴 영화로 제24회 스톡홀름국제영화제에서 데뷔작품상을 받은 작품으로 집단 따돌림과 권력의 본질을 잘 드러내 보여줍니다. 연기파 배우 안나 오델이 자신이 겪은 일을 바탕으로 감독과 주연을 맡았습니다.

중고등학교 내내 왕따를 당했던 여학생이 성장하여 유명한 영화 감독이 되었습니다. 오랜 시간 이어져온 동창회에 자신만이 초대받지 못했다는 사실을 알게 된 그녀는 자신이 만일 동창회에 찾아가서 자신을 왕따시키던 오래된 숙적들을 대면한다면 어떻게 될까에 대한 영화를 만들기로 합니다. 초대받지 못한 채 동창회에 나타나는 것으로 이야기는 시작됩니다. 극영화와 다큐멘터리를 오가던 영화가 후반부로 접어들면서 지금까지의 동창회 에피소드가 실은 주인공이 찍은 영화라는 사실이 밝혀지면서 정점을 찍습니다. 후반부에서 영화 속 주인공이자 전반부의 에피소드를 찍은 감독이자 실제 영화 〈동창회〉의 감독인 안나 오델은 영화 속 등장인물의 모델이 된 실제 인물들을 찾아 나섭니다. 안나 오델이 동창회에 올 수 없게

결정적 역할을 한 인물을 찾아가서 왜 그랬는지를 확인하는 모습이 가장 기억에 남습니다.

동창들의 인물관계도를 만들어 실제 교실 속에 드러나지 않는 위계질서를 밝혀내고 집단적인 따돌림과 권력의 본질을 성찰해가는 과정이 매우 흥미롭습니다.

하늘에서 학교를 내려다보던 카메라가 음악과 함께 학교 주위를 돌아봅니다. 그러다가 카메라의 시선으로 교실의 복도를 따라 걷는데 아이들의 웃음소리와 떠드는 소리 등이 들려옵니다. 영화를 보는 사람들이 각자 자신의 학창시절로 빠르게 돌아가도록 한 연출도 인상적이었습니다.

나눌 이야기

1. 가장 인상 깊은 장면과 그 이유는?

2. 어린 시절 받은 상처가 있는가? 있다면 어떤 것인가?

3. 어린 시절의 상처를 치유하기 위해 어떤 노력을 해보았는가?

〈상처투성이의 악마〉 2017, 감독 야마기시 산타(일본), 97분, 미개봉

평범하고 다정한 얼굴을 한 보이지 않는 폭력에 대한 이야기입니다. 괴롭힘이나 은근한 따돌림은 대단한 이유로 시작되는 건 아니죠. 방관자였다가 피해자가 된 카사이, 피해자였다가 가해자가 되

는 시노와 시스가, 더이상 방관하지 않겠다고 선언하는 콘도 치호가 이야기의 주인공들입니다. 도쿄에서 인싸로 활약하던 카사이는 전학한 새로운 학교에서 자신과 연관이 있는 왕따 피해자 시노를 만나게 됩니다. 시노가 모두에게 카사이가 자신을 괴롭혔다고 폭로합니다. 이후 카사이는 모두의 따돌림 타깃이 되어 괴롭힘을 당하게 됩니다.

카사이는 억울합니다. 시노를 괴롭힌 사람은 자기가 아니라고 항변하자 시노가 이렇게 말합니다. "바로 그런 점이야. 자기 손을 더럽히지 않고 안전한 곳에서 바라보는." 카이사는 직접 가해자는 아니지만 방관자였던 거죠.

카사이가 부르짖습니다. "왜 하필 나야?" 이유는 없습니다. 괴롭히려는 마음 안에 특별한 까닭이라는 건 존재하지 않지요. 특별히 나쁜 아이리서 괴롭힘에 가담하는 깃도 아니죠. 학교를 벗어나 교문 밖으로 나가면 그저 어린 아이들일 뿐입니다.

카사이의 담임교사는 카사이가 괴롭힘을 당하는 것을 보고도 지나칩니다. 자신의 반에 왕따가 있다는 쪽지를 받고도 외면합니다. 오히려 가해자인 후지츠카에게 쪽지를 건네서 상황을 악화시키죠. 그에게 남아 있는 과거의 트라우마가 그를 어른 방관자로 만들었습니다.

나눌 이야기

1. 등장인물 중에 누가 가장 나쁘다고 생각하는가?

2. 정어리가 되면 안 된다는 카사이 엄마의 말이 의미하는 것은?

3. 가해자가 피해자 되고, 피해자가 다시 가해자가 되기도 하는 악순환을 끊기 위해 해야 할 것은 무엇일까?

〈소년 시절의 너〉 2020, 감독 증국상(중국), 상영시간 135분, 15세 관람가

중국의 웹소설작가 구월희의 〈소년적니, 여비미려〉를 원작으로 한 영화로 개봉 당시 중화권 전역에서 큰 화제가 되어 흥행에 성공했고, 아카데미 시상식 국제 장편 영화상 후보에 오르기도 할 만큼 작품성도 인정받았습니다. 무엇보다 학교폭력이라는 무거운 주제를 가지고 억지스럽지 않은 감동을 끌어내고 있는 점에서 높이 평가합니다. '더이상 이렇게는 안 된다, 고쳐야 한다'는 강력한 메시지를 전하는 영화입니다.

학교에서 집단 따돌림을 당하는 첸니엔은 시험만 잘 치면 멋진 인생을 살 수 있다고 가르치는 세상에서 기댈 곳 없이 세상에 내몰린 우등생 소녀입니다. 우연히 만나 친분을 쌓게 된 첸니엔과 거리의 아이 샤오베이의 폭력적인 일상이 아슬아슬하게 얽히며 비슷한 상처와 외로움에 끌려 서로를 의지하게 됩니다. 샤오베이는 괴롭힘을 하는 친구들로부터 자신을 보호해달라는 첸니엔의 부탁을 들어

줍니다. 수능을 하루 앞둔 날, 첸니엔을 괴롭히던 웨이라이가 우연한 사고로 죽게 됩니다. 첸니엔의 행복을 바라는 샤오베이는 그녀를 지켜주려 하지만 둘의 관계를 의심한 형사에게 발각되어 둘 다 수형생활을 하게 됩니다. 이후 첸니엔은 영어선생님이 되고, 샤오베이는 여전히 그녀의 뒤를 따라다니며 그녀를 보호합니다.

웨이라이 무리가 첸니엔을 괴롭히는 이유에 대해서는 아무런 설명이 없습니다. 일부러 알려주지 않는 것 같았어요. 누구나 아무 이유 없이 집단폭력의 대상이 될 수 있다는 사실을 보여주려 한 것 같기도 합니다. 또, 폭력의 원인을 피해자에게서 찾지 말라고 말하는 것 같았어요. 이 부분이 영화에서 가장 좋았던 점입니다.

영화는 영어수업 장면으로 시작하는데 마지막에서도 영어수업이 장면이 나오더군요. 수업에 집중하지 못하는 한 학생이 눈에 띄고, 그 학생의 팔이 멍들어 있는 게 보입니다. 첸니엔은 그 학생에게 손을 내밀어 관심을 쏟습니다. 폭력의 아픔을 겪었던 첸니엔이 이제는 그 아픔을 어루만져주는 어른으로 성장한 것이겠지요. 구구절절 설명하지 않는 엔딩이라 더 좋았던 것 같습니다.

나눌 이야기

1. 가장 인상 깊은 장면과 그 이유는?
2. 주연들 외에 기억에 남는 등장인물은 누구이고 그 이유는?
3. 경찰의 말대로 첸니엔이 괴롭힘을 당했는데도 이야기하지 않

고 공부에만 매진한 이유는 무엇일까?

〈인플루엔자〉 2022, 감독 황준하(한국), 상영시간 73분, 15세 관람가

지난해 전주국제영화제에서 한국경쟁 부문에 초청돼 주목받은 작품입니다. 감독은 국내 의료계의 고질적인 '태움' 문제를 팬데믹과 맞물려 뚝심 있게 풀어내고 있습니다. '태움'이란 '영혼이 제가 될 때까지 태운다'는 뜻으로 언어, 신체폭력, 따돌림 등 온갖 종류의 괴롭힘을 가하는 것을 의미합니다.

3개월 차 간호사 다솔이 병원에서 심각한 태움에 시달리는 모습을 보여주는 것으로 이야기가 시작됩니다. 그녀가 근무하는 병원이 자리한 지역에 신종 전염병이 확산하여 병원이 비상상황에 몰려 있습니다. 이런 배경은 태움이 지닌 폭력에 이유를 더하기 위한 장치로 보입니다. 영화에서 보여주는 태움의 모습은 상상을 초월합니다. 아직 병원 업무나 사회생활이 힘겨운 다솔이 병원의 비상상황에서 신규간호사 은비의 교육까지 떠맡았습니다. 하지만 다솔은 아무리 힘들어도 은비에게 자신이 당한 괴롭힘 '태움'을 절대 대물림하지 않겠다고 다짐하죠. 하지만 은비가 응급치료 도중 큰 사고를 내자 결국 다솔도 폭발하고 맙니다. 마치 자신을 괴롭히던 선임 간호사에게 전염된 것 같았어요. 처음에는 전염병의 존재를 알고 두려워하지만 시간이 지나면서 점점 무뎌져가는 것과 비슷하죠. 영화

는 두 신규 간호사를 통해 우리 사회 폭력의 매커니즘을 드러내고, 그 섬뜩한 전염성에 대해 경종을 울립니다.

메인 포스터는 푸른 간호복을 입은 3명의 간호사를 한 프레임에 담고 있습니다. 이 세 인물들을 채우는 위계의 압박과 그에 따른 두려움, 분노 등 감정의 밀도가 터지기 일보 직전의 풍선처럼 긴강감이 넘칩니다. 그리고 이런 카피가 박혀 있습니다. "폭력은 전염병이다." "나는 전염되지 않을 자신이 있었다." 선임 간호사가 자신에게 한 폭력을 자신은 결코 대물림하지 않겠다고 다짐하던 신규 간호사들의 진심어린 외침으로 전해집니다. 하지만 왜 결국 우리는 예외 없이 폭력의 피라미드에 올라타는 걸까요?

중반쯤에 간호사들이 달리기 하는 장면이 있습니다. 다솔이는 후임인 은비와 속도를 맞추어 달리다가 앞으로 뛰어가버립니다. 정면을 응시하는 다솔이의 무표정이 인상 깊게 남았습니다.

병원에서는 누구도 웃는 모습을 보여주지 않았던 거 같아요. 물론 생명을 다루는 직업이니 긴장이 되는 것은 당연합니다. 충분히 보고 또 보고, 거듭 확인하고, 익히고 또 익히고 하는 과정이 필수인 직업이겠죠. 그러나 선배들의 감정배설을 견디면서 바쁜 업무를 실수 없이 해야 하고, 후배의 실수 때문에 자기가 혼나는 상황이 반복된다면 저렇게 될 수밖에 없겠구나 싶기도 합니다. 태움이라는 오랜 악습을 위태롭게 견뎌내던 다솔이 후배를 맞아 피해자에서 가해자로 변모해가는 모습이 너무도 안타까웠습니다. 폭력과 고통이 옮고 번져가는 모습을 너무도 선명하게 보여주는 영화입니다.

나눌 이야기

1. 가장 인상 깊은 장면과 그 이유는?

2. 태움이라는 악순환의 고리를 끊을 수 있는 방법은 무엇일까?

3. 도움이 필요할 때 컨택 리스트

가정폭력, 아동학대, 성폭력, 데이트폭력, 성교육, 성상담

경찰: 신고전화 (국번 없이 112), 전화나 문자 상담 (국번 없이 182)

여성폭력사이버상담: https://women1366.kr, 서울특별시 용산구 효창원로 158 아람빌딩 4층 (국번 없이 1366)

아동.여성.장애인 경찰지원센터: https://www.safe182.go.kr, 서울시 용산구 이태원로 280 (국번 없이 117)

한국여성상담센터: http://www.iffeminist.or.kr, 서울시 종로구 적선동 156 광화문플래티넘 제 10층 1008호 (02-953-2017)

한국여성의 전화: http://www.hotline.or.kr, 서울특별시 은평구 진흥로16길 8-4 (02-2263-6464)

해바라기센터: http://www.help0365.or.kr, 서울시 종로구 대학로 95 (02-3672-0365)

해바라기아동센터: http://www.child1375.or.kr, 서울시 마포구 백범로 23 구프라자 7층 (02-3274-1375)

푸른아우성: https://aoosung.com, 서울시 마포구 토정로 211 (02-332-9978)

여성인권진흥원: https://www.stop.or.kr, 서울특별시 중구 서소문로 50, 센트럴 플레이스 3층 (02-735-1050)

각 지역별 폭력피해 이주여성 상담소

각 지역별 청소년성문화센터

기타 어떤 고민이든

각 지역별 청소년상담복지센터

청소년사이버상담센터: www.cyber1388.kr (국번 없이 1388)

푸른나무재단: https://btf.or.kr/index.asp, 서울시 서초구 서초대로 46길 88(청예단 빌딩) (02-585-0098)

전국학교폭력상담전화: 1588-9128

탁틴내일: http://www.tacteen.net, 서울특별시 종로구 새문안로 3길 3 (02-3141-6191)

도란도란 학교폭력 예방 홈페이지: https://www.moe.go.k, 세종특별자치시 갈매로 408, 14동 정부세종청사 교육부 (국번 없이 110)

Wee 프로젝트: https://www.wee.go.k

국립중앙청소년디딤센터: http://www.nyhc.or.kr, 경기도 용인시 처인구 남사읍 각궁로 252-76 (031-333-1900)

여성인력개발센터: https://www.vocation.or.kr, 서울특별시 마포구 마포대로 12 (02-318-5880)

무료 법률 지원이 필요할 때

한국가정법률상담소: http://lawhome.or.kr, 서울특별시 영등포구 국회대로 76가길 14 (1644-7077)

대한법률구조공단: https://www.klac.or.kr, 경북 김천시 혁신2로 26 (054-810-1103)

여성을 위한 매체

여성신문: www.womennews.co.kr, 서울특별시 종로구 삼일대로 447 부남빌딩 8층 (02-318-9300)

우먼타임즈: www.womentimes.co.kr, 서울특별시 마포구 양화로 50 503호 (02-701-9200)

서울여성국제영화제: http://www.unninetwork.net, 서울시 마포구 월드컵로 161, 3층 (02-583-3598)

4. 참고 문헌

도움 받은 책

《거울 앞에서 너무 많은 시간을 보냈다》 러네이 엥겔론, 웅진지식하우스, 2018.

《교실 속 자존감》 조세핀 김, 비전과리더십, 2014.

《깨어난 장미 인형들》 수잔 영, 이재경 역, 꿈의지도, 2019.

《남자아이 여자아이》 레너드 삭스, 이소영 역, 아침이슬, 2007.

《당신의 어린 시절이 울고 있다》 다미 샤르프, 서유리 역, 동양북스, 2020.

《디지털 시대, 위기의 아이들》 캐서린 스타이너 어데어 · 테레사 H. 바커, 이한이 역, 오늘의책, 2015.

《따돌림 없는 세상》 비비언 거신 페일리, 신은수 역, 샘터, 2014.

《마음의 전략》 배르벨 바르데츠키, 조경수 역, 북플리오, 2007.

《보이지 않는 도착적 폭력》 마리 프랑스 이리고양, 최복현 역, 북프렌즈, 2006.

《사춘기 악마들》 케빈 리먼, 김세영 역, 리틀북, 2014.

《수치심 권하는 사회》 브레네 브라운, 서현정 역, 가나, 2019.

《소녀들의 심리학》 레이첼 시먼스, 정연희 역, 양철북, 2014.

《어른들은 잘 모르는 아이들의 숨겨진 삶》 마이클 톰슨 외, 김경숙 역, 양철북, 2012.

《여왕벌인 소녀 여왕벌이 되고 싶은 소녀》 로잘린드 와이즈먼, 이종호 외 역, 시그마북스, 2015.

《여자는 왜 완벽하려고 애쓸까》 레시마 소자니, 이미정 역, 웅진지식하우스, 2019.

《여자아이 사춘기는 다르다》 라사 다무르, 고상숙 역, 시공사, 2016.

《여자의 뇌 여자의 발견》 루안 브리젠딘, 리더스북, 2007.

《여자의 적은 여자다》 필리스 체슬러, 정명진 역, 부글, 2009.

《여자의 인간관계》 미즈시마 히로코, 박선영 역, 눈코입, 2014.

《영장류의 평화 만들기》 프란스 드 발, 새물결, 2007.

《0.1%의 비밀》 조세핀 김 · 김경일, EBS BOOKS, 2020.

《필링 굿》 데이비드 번스, 이미옥 · 차익종 역, 아름드리미디어, 2007.

여학생들과 함께 읽은 책

《나는 왜 자꾸 눈치를 볼까?》 캐티 케이 · 클레어 시프먼, 하연희 역, 리듬문고, 2019.

《나는 왜 진짜 친구가 없을까?》 애니 폭스, 최설희 역, 뜨인돌, 2015.

《내편이 되어줄래?》 노미애, 팜파스, 2015.

《목소리를 높여봐!》 핼리 본디, 김잔디 역, 카시오페아, 2018.

《양파의 왕따 일기》 문선이, 푸른놀이터, 2020.

《어쩌다 중학생 같은 걸 하고 있을까》 쿠로노 신이치, 장은선 역, 뜨인돌, 2021.

《우리학교에서 여학생은 나 혼자뿐!》 내털리 스탠디포드 저, 네이선 더피 그림, 이은주 역, 봄볕, 2020.

《우정이 맘대로 되나요?》 문지현 · 박현경, 글담출판, 2017.

《중2병이 아니라 우울증입니다》 제이컵 타워리, 최설희 역, 뜨인돌, 2020.

《홀딩파이브 도와줘!》 김성빈, 마리북스, 2015.

여학생이 사는 세계

초판 1쇄 발행 2022년 12월 15일
초판 2쇄 발행 2024년 6월 28일

지은이 김미연

발행인 김병주
기획편집위원회 김춘성, 한민호
마케팅 진영숙
에듀니티교육연구소 이문주, 백헌탁
디자인 디자인붐

펴낸 곳 (주)에듀니티
도서문의 1644-5798
일원화 구입처 031-407-6368 (주)태양서적
등록 2009년 1월 6일 제300-2011-51호
주소 서울특별시 중구 남대문로 117, 동아빌딩 11층
출판 이메일 book@eduniety.net
홈페이지 www.eduniety.net
페이스북 www.facebook.com/eduniety
인스타그램 www.instagram.com/eduniety/
　　　　　　 www.instagram.com/eduniety_books/
포스트 post.naver.com/eduniety

ISBN 979-11-6425-135-3 (13370)
값은 뒤표지에 있습니다.

문의하기

투고안내